JN408779

참 나를 찾아서

참 나를 찾아서

청학 지음

도서출판 해암

| 들어가는 문 |

참 나를 찾아서

참 나, 대저 나는 누구인가를 찾아 헤매던 십수 년의 그 화두, 이젠 이순耳順의 언덕에서 다시금 정립을 해보고자 이 글을 엮는다.

참 나, 나는 누구인가? 나는 무엇인가? 라는 당면 주제에 내 마음의 주제자라고 하는 이 주인공, '나' 란 과연 어떤 존재인가?

세상은 넓고도 큰 데 무상無常한 이 한 몸이 무상한 몸을 체體로 그 마음을 묘용妙用으로 삼아 진정한 나를 찾는 일이 바로 해탈일 것입니다. 그래서 진정한 나를 본래인本來人이라고 많은 선지식인들께서는 말하지 않았던가?

본래인本來人이란?

본래면목本來面目의 다른 표현으로 깨달은 경지에서 볼 수 있는 모든 인간들이 가지고 있는 심성을 뜻한다.

조금도 그 인위가 더해지지 않는 자연 그대로의 심성을 뜻하는 것인 고로, 본지풍광本地風光, 주인공主人公, 무위진인無爲眞人과 같은 말을 쓰기도 한다.

그 본래지本來知를 찾아 동강이 내려다보이는 산자수려한 영월

완택산에 은거한 지도 십수 년 이젠 환골탈태하여 영원한 고향인 저 언덕 니르바나(평안)를 향해 정진할 것입니다.

고통이란?

깨달음이란?

그 원리전도몽상에서 벗어나 저 아뇩다라샴먁샴보리심(깨달음)를 증득하여 진여의 길로 나아갈 것입니다.

나무 다르마야!!!

그 진여 된 길에 이고득락離苦得樂할 환희심歡喜心이 보이리라.

자기성찰로 자기개혁과, 자기제도로 거듭나야 그 환희심을 엿볼 수 있을 것입니다.

훗날 소납처럼 의로운 이 길을 가는 이에게 이정표와 같은 귀감이 있으라.

마하반야바라밀.

불기 2559년 5월 3일

청학사 세심전에서 **청 학** 합장

| 차례 |

1_ 참 나를 찾아

| 차례 |

2_ 도연초道緣草

3_ 실다움과 서장

| 차례 |

4_ 당신은 부처님

5_ 선시 감상

6_ 연꽃과 사자성어

1
참 나를 찾아

참 나를 찾아서

인간은 만물의 영장이라 만물 가운데 가장 귀하다고 흔히들 말한다. 부처님께서 설하시길 천상천하유아독존이라고 말씀하신 것은 하늘 위 하늘 아래 오직 홀로 존귀하다는 뜻이기도 하다.

허나 이것은 '참 나'를 찾아서 바로 보는 데 있다.

바로 본다는 뜻은 바른 삶에 경위를 말하려 함이니, 이는 부처님께서 이 땅에 오신 까닭이기도 하다.

1. 정견正見

바른 견해로 편견없이 있는 그대로를 보는 것이다.

이를 여실지견이라고 하는데 먼저 바로 보는 것이 바른 삶의 시작이기 때문이다.

2. 정사유正思惟

바른 생각이다. 바른 견해를 가짐으로써 바른 생각을 할 수 있다. 현실을 있는 그대로 보고 사리판단을 생각하기 때문이다.

3. 정어正語

바른 말이다. 말은 자신의 생각과 의견을 표현하는 수단이다. 거짓말, 이간 시키는 말이나 욕과 남을 비방하는 말은 그 사람의 비뚤어진 생각과 시각을 나타내는 것이다. 그러므로 항상 바른 생각과 말은 바른 뜻을 생각하여 구업을 짓지 말고 상대방을 존중하는 부드러운 말을 해야 함이다.

4. 정업正業

바른 행동이다. 일체의 행위를 바르게 해야 한다.

바른 생각과 말에서 나아가 이치에 맞는 행동을 해야 한다.

5. 정명正命

바른 생활이다. 옳은 일에 종사하고 몸과 마음과 뜻으로 오는 신구의身口意 삼업을 청정히 하면서 바로 사는 것을 말한다. 좀 더 구체적으로 말한다면 바른 직업관을 가지고 생업에 임해야 함이다.

6. 정정진正精進

깨달음을 향한 부단한 노력을 말한다.

아울러 옳은 일에는 물러섬이 없는 정열과 용기를 뜻하기도 한다.

7. 정념正念

바른 생각이다.

바른 생각을 잊지 않으며 헛되지 않게 하는 것을 말한다.

8. 정정正定

바른 수행이다. 번뇌 망상에서는 바른 견해나 행동이 나올 수 없다. 몸을 평안하게 하고 바로 수행함을 의미한다.

이 팔정도는 사람이 평안으로 들어가는 방법의 도성제인 것이므로 바른 삶을 경위함이다.

탐 · 진 · 치, 삼독으로 인한 참 나의 의미가 무너져 스스로를 부정하고 거짓인 나로 말미암아 미혹에 빠져 삼재와 팔난을 자기 스스로가 짓고 받는 것이니 거짓인 나란 자기 본래의 복전을 망가뜨려 발복을 받을 수가 없다. 그러므로 본 글의 당위성은 팔정도에 의한 신구의身口意 삼업을 명경지수와 같이 닦고 마음의 보섭을 밝히는 길 뿐이라 하겠다. 탐진치로 인한 정체된 한 인생 수레를 다시금 돌려 윤택된 삶을 유지하여야 함에 참 나를 떠나서는 복전을 받을 수 없기 때문이다. 그러므로 예경의 대상은 마음인 까닭에 이 세상에 어떠한 행위도 반드시 결과가 있는 법이니 이것이 인과응보因果應報인 것이다. 필연인 즉 몸과 말과 뜻으로 짓는 삼업의 과보는 엄정한 인因과의 율律인 것이니 자기의 본래 모습을 찾아 선禪이란 부처님의 마음을 찾고 교敎란 부처님의 가르침으로 참 나의 실상을 찾아 자기를 바로 보는 데 깨달음의 해탈과 성불의 의미가 있는 것이고 마음을 어떻게 쓸用것인가를 반문하여 늘 관조하고 몸의 체体를 어떻게 잘 다스릴 것인가를 관觀하여 아름다운 삶을 살아갈 지어다. 이에 본 글의 당위성을 피력하고자 합니다.

금강경과 사구게로 본 나

– 무엇이 인생이며 참 나로 볼 것인가?

금강경에는 사구게가 있는데 범소유상凡所有相이 개시허망皆是虛妄이니 약견若見 제상비상諸相非相이면 즉견여래卽見如來니라.

무릇 있는 바 모든 현상이 다 허망하니 만약 모든 상을 상이 아님을 보면 곧 여래를 본 것이니라.

보이는 몸이 나라면, 보이는 나, 안 보이는 나, 나는 둘인가? 몸이 나라면 날마다 달라지는 나, 마음이 나라면 생각마다 달라지는 나, 세월 따라 생각 따라 한도 없이 달라지는 숱한 나, 나는 어느 나를 나로 바로 삼을 것인가?

옷 골라 입듯 골라가며 나를 삼을 것인가?

헌신짝 버리듯이 버려가며 나를 삼을 것인가?

어느 나를 골라잡고 어느 나를 버리고 나를 나라고 할 건가?

죽어서 화장하거나 땅에 묻히는 무덤이 나인가?

뼈가 나인가?

혼이 빠져나갔으면 무덤은 주인 없는 빈집.

뼈는 병아리 깨고 나간 계란껍질 같은 것.

그래도 내 무덤 내 뼈인가?

내 부모, 내 자식, 내 몸, 내 마음, 내 땅, 내 집, 내 것 하는데.

내 몸이 죽어 흩어진 흙, 물, 바람, 온기를 비단 보자기에 싸들고 다닐 내가 있어야 진정한 참 나인 영원한 내가 아닌가?

도무지 알 수 없는 나, 대저 나는 누구인가?

다섯(색, 수, 상, 행, 식) 오온의 가지로 화합한 가짜의 나란 세 가지 모습은 신상으로 보이는 나, 잘 생기고 못 생기고 늙고 병들어 죽어서 흙, 물, 바람으로 흩어지는 나, 비상非相 안 보이는 나, 좋은 생각, 나쁜 생각, 좋은 버릇, 나쁜 버릇 상비상相非相 보이는 나, 즉 상相 안 보이는 나, 즉 비상非相 이 하나 되어 짓는 나, 이승 저승을 오가는 나, 나쁜 짓하여 아귀 축생 지옥 가는 나, 착하고 좋은 일하여 극락 천국으로 가는 나, 육바라밀의 행과 팔정도의 선으로 살려주는 참 나는 염불과 참선으로 마음을 세탁하는 일 뿐이다.

참 나를 찾아서 도식

– 법훈(도식을 열면서)

사람이 만물 가운데
가장 귀하다는 것은
'나' 를 찾아서 바로 보는 데 있느니라.
불법은 사량思量으로는 안다는 것에
도리가 있는 것이 아니라
허공이 가장 무서운 줄을
알아야 하느니라.
물심이라면
우주의 정체는 따로 있으니
마음의 고향을 찾아
*회광반조하는 것이
법훈이다.
이를 잘 요지할 지어다.

*회광반조(回光返照) : 선종에서 쓰이는 말. 언어 문자에 의지하지 않고 자기를 회고 반성하여 심성을 바로 보는 것.

참 나를 찾아서 도식 ○

– 일원상(본래 모습)

나

본래

무일물無一物하여

텅 비어 있어

나도 아니고

네도 아닌 것이

삼계의 떠도는 무위無爲 자연 속

에너지란 지수화풍地水火風의 속성물 가운데

아버지란 원신의 정기와

어머니란 포태신 속에

오온五蘊이란 육신을 받았었지요.

이름하여

나

나란

본래의 모습입니다.

*오온(五蘊) : 온(蘊)은 모아 쌓은 것. 곧 화합하여 모인 것. 무릇 생멸하고 변화하는 것을 종류대로 모아서 5종으로 구별한 것. 색 · 수 · 산 · 행 · 식을 말함.

참 나를 찾아서 도식 △

– 탐 · 진 · 치(삼독)

나란
본래의 모습은
에너지란 속성물의 굴레 속에서
눈, 귀, 코, 입, 몸, 뜻에 따라 작용하는
마음처의 실상을 안고
눈으로 보고
귀로 듣고
코로 냄새를 맡고
몸으로 행주좌와行住坐臥 하는 가운데
뜻에 따라서
인因과 연緣을 맺는
탐 · 진 · 치貪瞋癡란 삼독三毒 안에
내가 있다는 것을 알았었지요.
지금의
모습
나 말입니다.

*행주좌와(行住坐臥) : 다니는 것, 머무는 것, 앉는 것, 눕는 것. 우리들이 날마다 하는 동작. 4위를 말한다.

참 나를 찾아서 도식 

– 인과응보(업)

나

나란 본래 모습이

탐욕하고 성내고 어리석어서

나란 인생수레는

탐 · 진 · 치貪瞋癡란

쐐기에 박혀

아상我相과 인상人相의 그늘 속에서

삼재와 팔난을 만나

고해 바다에 헤매이다가

부처란

깨달음의 나를 찾아 떠난

나는

나라는

주인공은 나입니다.

참 나를 찾아서 도식 二

– 불이문(선과 교)

나

나를 찾아

깨달음의 주인공인 나를 찾아

커다란 두 길이 있다는 걸 알았습니다.

인因과 연緣의 결과 속에

업보業報의 고행苦行을 떠나

부처님의 가르침이 마음 속에 있다는 것에

선禪과

교敎를 알았습니다.

불이문不二門 당신의 문을 두드린 까닭에

끝내는 선禪과 교敎는

두문이 아닌 중도中道의 길이란 걸 안 나는

지금의

나

나의 모습입니다.

참 나를 찾아서 도식 ⊙

– 아뇩다라 샴막샴보리(깨달음)

나

때늦은

알음알이 속

본래지本來知와 습성지習性知를 쫓고 쫓아

예경을 드려야 할 심주心柱를 찾아

그 비밀스런 자리에

기도와

참회 속에서

참 나의 거울을 보며

만고의 진리를 따라

무위無爲 자연 속에 상주할

나를 봅니다

그저

주인공인

참 나를

찾아봅니다.

참 나를 찾아서 도식 ◯

– 해탈(본래 모습)

나

본래

무일물無一物하였으니

청정법신清淨法身이었나 보다

시간 이전 공간 이전

태초의 본래지本來知는 나이다.

그 어느날 삶이란 명제의

습성지習性知에서 노닐다가

본래 모습을 잃고

적조의 고향을 찾아 헤매이었으나

아뇩다라 삼막삼보리가

마음 안에 있다는 걸 깨달아

한 수레에 걸림이 없는 사람

본래 모습대로 돌아가리라

나는

나란 주인공인 까닭에

여기선 머물 수 없으니

참 나를 찾아 떠나야 한다
나를 찾아서…
마하반야바라밀
마하반야바라밀.

나

– 인의예지신仁義禮智信

어질다고 하는 마음
옳다고 하는 마음
올바르다고 하는 마음
안다고 하는 마음
이것이다고 하는 마음 속에
간장이 있고
비장이 있고
대장이 있고
심장이 있고
폐장이 있어
'안 · 이 · 비 · 설 · 신 · 의' 가 부합된 나는
살아 숨쉬는 실상이
나의 모습인 까닭에
나
나라는 주인공 입니다.

나
– 마음

마음
마음은
안 · 이 · 비 · 설 · 신 · 의에서 오는 육취이다.

마음
마음은
측은지심과
칠정지심과
욕구지심과
견색지심과
활구지심의 주인공이다.

마음
마음은
탐 · 진 · 치의
속성에너지에서 오는 것이다.

마음

마음은
생각하는 안위 속에
길이 있다면
마음 비워
십방+方으로 돌아가리라.

나

나

나란

지 · 수 · 화 · 풍地水火風으로

이루어져

한 몸을 이루어

나도 죽음이 따르고

번뇌가 따른다

이를 육신 또는 법신이라 한다

여기에 생각하는 마음 법성신의

비밀스런 자리가 있다

영원불변한 진실의 모습

항상 머무르되 머무르는 곳이 없다

본성이 마음이고 마음이 본성이니

이를 깨우치면 성불하다 해탈하다 라고 하며

마음 밖에 따로 부처가 없는 까닭이

여기에 있어

참 나를 찾아야 한다.

나

나
나의
마음이라는 것은
만법의 근본이다
일체의 법이
오직 마음에서 생기므로
마음을 깨달으면
모든 수행을
다 갖춘 격이 되는 것이다
일체의 선과 악은
모두 자기 마음으로부터 생겨나니
마음 밖에서 구하는 것은
어리석다 할 것이다
그러므로
참 나를 찾아야 한다.

나

나
나의
마음속에는
깨끗한 마음과 더러운 마음이 있다
지 · 수 · 화 · 풍地水火風의 네 가지 원소와
색 · 수 · 상 · 행 · 식 色受想行識 의 오온五蘊이
본래 공空하여
내가 아님을 알아야 하며
마음에서 일어나는 작용이
청정한 마음이며 더러운 마음이다
청정한 마음이라는 것은 번뇌가 없는
진여眞如의 마음이고
더러운 마음이라는 것은 번뇌가 있는
어리석은 마음이다
이는 애초에 함께 존재하여 왔다
그러므로 진정한 나를 찾아
심안을 불 밝혀야 할 것이다.

나

나
나의
육적六賊은
안이비설신의眼耳鼻舌身義다
육식六識의 알음알이가
육경六境의
색성향미촉법色聲香味觸法으로부터
여러 감각기관을 취하므로
업식을 짓고
육도六道를 윤회한다
이것이
나의 진정한 모습이다
마하반야바라밀.

*육도(六道) : 지옥, 아귀, 축생, 아수라, 인간, 천상.

나

나
내가
삼계三界라는 것에
윤회하는 것은
나의 마음속에서 오는
탐욕이 욕계慾界의 한 부분이요
성냄이 색계色界의 한 부분이며
어리석음이 무색계無色界의 한 부분이다
이 삼독으로 인하여
모든 악이 생겨나고
업보가 이루어져 윤회함으로
삼계라 하며
화택火宅 즉, 불난 집으로 비유를 한다
어쩔 것인가
참 나를 찾아
길을 떠나야 한다.

나

나
나의
마음을 잘 거두면
해탈이고 성불이다
악업은
마음으로 인해 생겨나므로
마음을 잘 거두어
삿된 것과 악한 것에서
벗어날 수 있으며
모든 고통에서 벗어나고자
진정한 해탈을 찾아
떠나야 한다
참 나를 찾아서.

나

나

나의

육근六根을 깨끗이 하고자

육바라밀을 행하고자 한다

보시, 지계, 인욕, 정진, 선정, 지혜를

배우고 익혀

저 언덕에

이르고자 한다

나 육근이 청정하면

이 언덕에 물들지 않음이다

마하반야바라밀.

나

나
나의
마음은
부처님의 근원이기도 하고
악마의 근원이기도 하다
위 없는
즐거움의 근원이
마음으로 생겨나고
삼계를 윤회하는 것도
마음
마음에서 일어난다
나
마음 밭을
잘 일구려
늘
관조하리라.

나

나
인생길이란
생生과 사死란 두 길이 있다
이 길에
들기 위한 수행문으로
이理를 들어가는 문이 있고
행行으로 들어가는 문이 있다
흩어진 마음 바로잡아
닦는 마음
밝은 마음을 심고
모든 인생길 가는 이들의
고통과 해탈을 위하여
이 길에
불심을 심고
팔정도를 노래하리다
마하반야바라밀.

나

나
마음은
만사의 주체이다
마음은
모든 생각의 주체가 되어
사건을 따라
오관에 미치는 바에 의하여
마음대로
부정도 긍정도 할 수 있다
나
한 생각에 의하여
행동이 나타나므로
그 주체를 마음이라 표현한다
그래서
불교는
마음의 종교라 한다
마하반야바라밀.

나

나
칠정의 감각기관을 잘 다스려
바른 생각을 모으고
마음에 식을 잘 조절하여
늘 생각하는 매사가
슬기로우며
마음이 일어나는 모양을
잘 관찰하여
온갖 세간의 모든 것을
두루 섭렵하되
번뇌와 망상이 일어나는 것을
다 끊어 버리고
적멸에 드는 그와 같은 수승한 법을
혼자 있는 것이라 말하며
이를 수행자라 한다
마하반야바라밀.

*칠정(七情) : 희(喜) · 노(怒) · 애(哀) · 락(樂) · 애(愛) · 오(惡) · 욕(欲)

나

나

나의

6식과 이를 인식하는 6경에 있다

6식의 대경은 과거, 현재, 미래로부터 온다

이는 끝내 탐·진·치 삼독의 베일에 싸여 돈다

6식 곱하기 3세=18+3독=21그램이

삶을 사는 영의 무게이다

참 마음 참 생각 참 행동이

실다움을 의미하나니

무엇을 직관하고 얻을 것인가

조용히 관할 일이다

마하반야바라밀.

*6식 : 안 · 이 · 비 · 설 · 신 · 의(眼耳鼻舌身意)의 인식작용
6경 : 색 · 성 · 향 · 미 · 촉 · 법(色聲香味觸法)의 만유의 대상
3세 : 과거 · 현재 · 미래(過現來)
3독 : 탐 · 진 · 치(貪瞋癡)

나

나는
누구인가
나
부모 그 미생전에는 무엇이었나?
삼계에 떠돌던
그 무엇이었나
무위자연 속의 에너지였었나
나
온 곳을 몰라
묻노니
갈 곳은 어디인가
주인공아
주인공아
내 몸을
조용히
깊이 관할지어다.

나

– 존재의 물음

나

주어진

한 목숨이

다하는 날이 오면

나는 저 세상에서

어떻게 살았는지

존재란

값의 물음을

어떻게 답할건가?

나

– 영혼의 무게

나
외로운 혼
홀로이
서쪽으로 향할 날
가련타
인생살이
오늘 사람 내일인데
나의 삶
영혼의 무게는
몇 그램의 무게일까?

나
– 본래의 면목

솔바람 향내 이는
저문 석양네에

세상사 인생살이
떠도는 나그네라

해와 달
밀고 썰림은
마음 떠난 고향일세

왔다가 가는 곳이
본래의 면목인가

인생사 깊은 바다에
낚싯대 드리우고

무명을 살다 갈 한 생
*시생멸법을 노래하네.

*시생멸법 : 처음에는 생겨나서 나중에는 없어지는 자연의 법칙.

참 나를 찾아

먼 옛날 서쪽에서 이어 온 이 한 노래
그 소리 하도 맑아 하늘에 솟구쳐서
산마다 울리는 풍경 골골마다 가람이다

나의 삶 나를 찾아 고행의 바다에서
인간의 내면적인 참 모습의 길을 밝혀
실다운 세상을 향해 환희심을 열었다

온화한 달님 성품 보섭의 길이라며
자기를 바라보는 성찰을 인도하여
참 삶의 수레를 굴려 가는 길을 일렀다

한 생각 이는 잣대 바른 생각 견해이다
말없이 흘러가는 흰 구름 자유처럼
한 세상 걸림이 없는 무애심을 노래했다

모양도 없는 것에 보리심을 다독이며
내 안의 정법안장 곳집을 갈무리며
고요 속 그 온화함의 자비심을 심었다

예경의 대상은 마음에 있는 거고
어떠한 행위에는 결과가 따르는 법
그 희비 열고 닫음이 만 갈래나 되는 법

존재하는 모든 것은 바람처럼 무상하다
시시로 다가오는 이 세월을 어찌하랴
나고는 죽은 저 육도 고해중생이 아닌가?

나라고 생각하는 아집에서 못 벗어나
평생을 그릇 친 삶 바라밀에 의지하여
이제야 참 나를 찾아 자유로이 가리다

탐 진 치 삼독에서 보살도로 살아가리
성불은 오직 이 길 불 밝혀 나가리다
진리의 몸을 다투어 지혜광명 얻으리

세상은 마음 따라 지어진 빈 그림자
한 마음 일고 지는 파도 같은 중생 마음
지혜는 고마운 등대 닦는 마음 밝은 마음

어디서 무엇을 가지고 왔었기에
무엇을 가지고 어디로 갈 것인가
무아란 한 마음 생각 의구심만 깊어간다

청풍이 머문 곳에 마음달이 비추도다
무심천 날아가는 푸른 학 자유롭네
마음이 부처이시라 걸림없는 한 수레.

2

도연초道緣草

길

길은,

한문으로 길 도道자이다.

길에는 여러 가지 길이 있다.

크게는 두 가지 길이 있는데 전자는 삶의 길을 뜻하고 후자는 학문으로 나아가는 길을 의미한다.

삶의 길이란?

인생길을 말한다.

이, 인생길은 우리가 태어나서 늙고 병들어서 죽음에 이르기까지 가는 길을 인생길이라 하지 않는가?

이 길에는 생사고락을 같이 하는 동반자도 있을 것이고, 부부애로 같이 삶을 사는 반려자도 있을 것이고, 심지어는 배신자도 있을 것이고 공부나 수행을 같이 하는 도반(벗)도 있을 것이다.

심지어는 인생길을 방황하는 나그네 길도 있다.

이러한 길에는 인연이란 사슬이 같이 한다.

따라서 인연이란 맺음은 매우 중요한 일이다.

말하자면 저 유명한 삼국지 속에 도원의 결의를 보라!

유비, 관우, 장비 이 셋은 나눈 피는 달라도 의형제로서 장대한 뜻을 함께 펼치지 않았던가!

후자는 학문으로 가는 길을 들을 수 있다.

중국 한말의 학자 유향이 지은 열녀전에서 비롯된 말입니다.

맹모삼천지교孟母三薦之敎란?

맹자는 어려서 아버지가 일찍 돌아가셨으므로 홀어머니 밑에서 자랐습니다. 맹자가 어렸을 때 묘지가 많은 가까운 산 쪽에서 살았더니 어린아이가 자꾸 장사를 지내는 흉내를 내기에 시장 근처로 다시 이사를 갔다.

이번에는 물건을 파는 흉내와 도박을 하는 흉내를 내서 어머니는 생각 끝에 다시, 글방에서 공부하는 서당이 가까운 쪽으로 옮겼더니 글공부에만 전념하여 대 학자로 길러 냈다는 일화로 근원을 아는 길로 인도한 맹자의 어머니는 상당히 현명한 분이였다.

장성하는 아들의 교육을 위해서 세 번이나 이사를 했다는 유래가 있듯이 이치를 아는 길, 근원을 아는 길, 방법을 터득 하는 길, 어떠한 사상으로 가는 길, 덕행으로 가는 길, 방향으로 가는 길 등 다양하나 그래도 뭐니 뭐니 해도 그 길엔 삶의 인연이 있게 마련이고 인생을 부여하는 인생길이 중요하다 하겠다.

한 번 뿐인 이 주어진 인생을 어떻게 하면 사람답게 잘 살 수 있는가를 한 번쯤은 궁구할 필요가 있다.

길

산다는 삶 속에는
커다란 두 길이 있다

이 길엔 생로병사란
커다란 숲이 있다

그러나
종착역에는
공허한 바람뿐이다.

삶

인생을 살아가는 일을 삶이라 하겠다.

이 삶에는 누구나가 다 잘 먹고 잘 입고 잘 살기를 소망하고 행복하기를 기원한다.

그러나 인간의 삶은 현재 진행형 속에서 이루어진다.

과거 생이란?

부모로부터 태어난 삶을 이야기 할 수 있는데 가사, 부모가 돈이 많아 넉넉한 삶을 유지하여 의 · 식 · 주를 걱정 없이 해결할 수 있다는 뜻이다.

이는 부유한 삶이라 볼 수 있다.

그와 반대로, 빈천한 가정에서 태어났다면 당장 의식주를 해결하여야 할 운명을 안고 있어 부단한 노력이 필요하다.

요즘 같으면 즉, 학교 보내기도 무섭다는 뜻도, 먹고 살기도 힘

든데 학교 보낼 여지가 어디 있나 하는 식이다. 이는 과거 부모로부터 오는 생이 박복하다는 뜻인데 우리는 이 말을 종종 듣는다.

과거로부터 오는 인연의 생을 어찌 하란 말인가?

현재 생이란?

어제가 과거다. 하루하루 이어져 살아가는 삶을 의미한다.

여기에는 보다 나은 즉, 질 높은 삶을 추구하기 위하여 부단한 노력과 안목, 지혜, 행동 등을 수반하며 충족한 삶을 위해 욕망을 낳게 된다.

이 욕망 앞에 성공이냐 실패냐에 따라 환희, 신뢰, 경악, 걱정, 근심 등을 낳아 괴로운 삶이니, 즐거운 삶이니, 잘사는 삶이니, 행복한 삶이니 하는 것인데 세상은 그리 호락호락하지 않다.

이 지구상에는 무수한 생명들이 살다보니, 인류와의 전쟁, 이념과의 전쟁, 질병과의 전쟁, 수출과의 경쟁, 평화수호, 함께 공존, 함께 번영, 이해타산, 불협화음, 종식, 분별, 공동체란 그늘에서 삶을 영위하다 보니 의지처가 생기게 되어 구원을 바라고 나아가서는 영생을 바라고 믿음을 가지게 되고, 믿음을 외치게 되고, 올바른 진리를 찾아 저마다의 가치관을 누리며 한 삶을 산다.

삶

삶이란?
들숨과
날숨 속의
마음이란 잣대 위에

사색을
먹으면서
미로의 길을 가며

나라는
희로애락에
오욕락에 묻혀 산다.

백납가魄納歌

살아 숨 쉬는 유정물들은 주어진 한 목숨이 다하는 날이 오면, 우리는 제 수명을 다하여 죽음에 이른다고 말한다.

만물에 영장인 인간도 예외는 더더욱 아니다.

그렇다고 해서 영생을 누리는 자도 없다.

하고 많은 사람은 죽음을 두려워한다.

이는 인생을 사는 동안에 집착이 너무 많았었기 때문이라.

그리고 참 자신의 깊은 내면을 한 번도 들여다 본 적이 없는 사람이 대다수 일 것이다.

본래 사람은 지地 수水 화火풍風 4가지 원소로 생긴 것으로 지는, 굳고 단단한 것을 성으로 하고, 모든 물질을 지탱할 수 있는 본바탕(우리 몸의 뼈대. 손발톱 근육)을 말하고

수는, 습윤을 성으로 하고, 모든 것을 포용하는 바탕(우리 몸의

피. 땀. 고름)을 뜻하고

화는, 온을 성으로 하고, 성숙시키는 바탕(우리 몸의 일정한 온도. 일정한 혈압)을 말하고

풍은 동을 성으로 하고 물을 성장케 하는 바탕(우리 몸의 힘의 원동력 육근)을 뜻하는 것으로써

이를 통틀어 몸, 육신이라 하기도 하고, 넋이라기도 한다.

이 넋은 오장과 육부를 형성하여 들숨과 날숨으로 인연한 것이 바로 나이니라.

여기서 이 사대 원소는 부모로부터 물려받은 몸이다.

하지만 본래면목은 무엇인가?

찬연히 궁구하고 궁구할 일이다.

죽음이란?

혼과 넋이 분리되는 것

원초신은 허공계로 인식 되어 날아가고

포태신은 4대 원소이니,

온 곳으로 되돌아가는 것.

그렇다면 그 온 곳은 대체 어디인가?

지수화풍의 사대가 아니던가?

이 사대가 나의 본래모습, 천진면목일 뿐이다.

그래서 사람은 죽으면

지장, 수장, 화장, 풍장을 하게 된다.

우리 주위에도 흔히들 나이가 많이 들면, 죽음을 준비를 한다.

수의를 준비한다든지, 장례 치를 준비를 미리한다던지, 산소 자리를 미리 봐 둔다든지, 자식들에게 재산을 미리 분배한다든지, 유서를 미리 남기기도 하고, 이름 있는 큰스님은 열반 송을 남기기도 한다.

언젠가는 버려야 할 이 육신의 옷, 벗을 것을 생각하면 한시가 안타깝다.

이 산승은 묻고자 한다.

존재란 물음에 어떻게 답 할 것인가?

최선을 다해 마음 공부하자는 일념의 노래가 백납가이다.

죽음은 시시때때로 오고 있지 않는가?

어찌 경책하지 않으랴!

백납가

어제가 봄날인가 싶더니 이미 가을인데
해마다 이 세월이 강물처럼 흘러가누나
아 나는 무엇을 탐하고 그 이익을 좇아왔나

죽은 뒤 한을 품으며 무엇을 통곡하랴
흰 해골에 떠도는 영혼 가련한 인생살이
이 티끌 인연 벗으려 어찌 참선하지 않으랴

명예와 부를 탐한들 윤회 고를 벗을 건가
이 몸뚱이 제도하여 힘써 수행 하는 날에
아득한 업식을 벗어 왕생극락 하리라

괴로운 원인 좇아 자기완성 하는 날이
사성제를 여의고서 성불득탈 하는 것을
어두운 무명 속에서 거듭나는 길이리라

더위가 지나가니 또 추위가 재촉구나
내 어서 조사관문 공안을 타파하여
죽음의 문턱을 넘어 찬연히도 걸어가리.

상불경 이야기

우리가 인생을 살면서 자신이 아닌 타인을 배려하고 깊이 존중한다는 것은 진정한 생명력의 존귀함을 알고 그 행을 실천에 옮기는 사람만이 가능할 것이다.

여기 상불경 이야기는 부처님 재세시의 이야기로 늘 상대방을 가식이 아닌 진정한 마음으로 그대를 존중한다는 한 설화가 있다.

옛날에 상불경이라는 구도자가 있었다. 이 사람은 어디를 가나 사람을 보면 정중히 배례를 하고는 "나는 마음 속 깊이 당신을 존경합니다. 당신은 곧 진실한 행복을 얻을 수 있는 불성이 있는 고로 고귀하신 분이기 때문입니다."라고 말하는 것이었다. 그런데 어느 날 한사람이 놀림감이 되었다는 생각에 화를 냈다.

그래서 그들은 진지하게 배례하는 상불경에게 욕설을 하고 비웃었으나, 그는 조금도 화내지 않고 더욱 배례를 계속했기 때문에 사람들 중에는 몹시 꾸짖어 욕설할 뿐만 아니라 돌멩이나 기왓장을 던지고 지팡이나 몽둥이로 매우치는 자도 있었다.

이런 꼴을 당해도 그는 조금도 질리지 않고, 반항하지도 않고 이를 피하여 가던 길을 계속가고 먼 곳에서 박해하는 무리들을 보아도 배례하고는 큰 소리로 "나는 마음 속 깊이 당신들의 고귀한 불성을 존경합니다."라고 말했다.

그동안 이렇게 하기를 평생토록 변함이 없었기에 때문에 육근청정을 얻어 많은 부처님을 친견할 수 있었으며, 그동안 박해한 사람들을 모두 구제하고 자기도 부처님이 되었다.

부처님을 배례하듯이 사람들을 배례한 상불경은 인간 배례의 행자였다. 나는 남을 얕보거나 깔보는 일은 없을까?

만약 있었다면 스스로를 알지 못한 자기의 박해자이다.

이 어려운 세상에 타인을 존경한다는 것은 곧 인간에 존엄성을 알고 배려한 일이니 그 인생은 빛날 것이다.

그러나 오늘날 우리는 제각기 남을 비판하며 산다.

어떤 일에 칭찬은커녕 비난을 가한다.

과연 그런 자가 자기비판을 할 수 있을까?

설사 자신을 비판을 하였다 하더라도 자기라는 한계점에
맴돌 뿐이다.

인륜과 축생

우리 인간이 사는 세상에는 삶의 은혜가 있기 마련이다.

그러나 오늘날처럼 자유분방한 우리 사회의 젊은이들은 공부해서 성공을 해야 하는 숙명을 안고 삶을 산다라고 해도 과언이 아닐 것이다.

이 물질만능 시대의, 자본주의는 큰 이기적 사회를 낳았다.

여기서 살아 남자니 저마다 기를 쓰고 공부를 한다.

그 공부는 살아남기 위한 수단의 공부일 뿐이다.

오로지 명문대. 오로지 1등. 수능 A급이 있는 한 인성교육은 찾아볼 수 없다.

이렇게 바쁜 세상에 살다보니 우리는 보은을 모르고 산다.

세상에는 여러 가지 보은이 있는데, 이를 아는 사람은 인륜이라 이름을 하고, 모르는 사람을 나는 축생이라 할 것이다.

그 은혜 중 가장 큰 은혜는 부모로부터 이 몸을 낳아준 은혜다 자식을 낳아서 먹이고 보살펴 주고 공부시키고 길러준 은혜는 말로 형용할 수 없어, 푸른 하늘보다 더 높고, 넓은 바다보다 더 넓다고 우리는 그렇게 동료로서도 배웠다.

하지만, 지금의 세태는 부모를 학대하고 모시기 싫다하여, 부부간에 다투고 하는 축생들을 흔히들 주변에서 보기도 하고 회자된 이야기를 듣기도 한다.

둘째로는, 인연의 은혜다.

학교에서 공부를 가르쳐준 선생님 은혜, 직장에서 친절히 업무지도를 받은 은혜, 결혼을 했을 때 중매를 받은 은혜, 어려운 곤경에 처 했을 적에 받은 은혜 등 이 세상은 혼자서는 못 살아가는 법 인연하면서 받은 친절 사랑 나눔 등으로 거듭 날 수 있었을 것이므로 오늘에 분신이 있었을 까닭이다.

셋째로는 나라의 은혜이다.

어느 날 길을 걷고 있는데 확성기를 든 어떤 사내가 하는 말 하느님은 구세주이시니라. 뭐라고 뇌까리고 있는데 부산은 저주의 도시이니라 어서 예수를 믿고 천당을 가자는데, 속으로 느끼는 생각 너 참, 좋은 나라에 태어난 줄 알고 하느님께 고맙다고 기도나 드려 라고 외치고 싶었다.

가사, 우리가 지금에 북한처럼 산다면 저 남쪽에 태어날 걸 하고 원했을 것이다.

세상은 넓다. 자원이 많아서 부자가 된 나라도 있고, 가까운 일본처럼 지진에 시달리는 나라도 있다. 몹시 춥고 덥고 하는 나라도 있다. 하나, 장단점은 있게 마련이나, 이 금수강산보다 더 좋은 나라가 어디 있으랴! 뚜렷한 사계절과 아름다운 산과 강, 바다, 호수, 맑은 공기 우리는 감사해야 할 조국 강산이다. 이 땅에 태어난 은혜에 보답하는 길은 잘 지키고 후세에 아름답게 물려 줄 일일 것이다.

넷째로는 지은의 은혜이다.

지은이란? 어두운 곳에서 해매고 있을 때 밝은 빛을 선사한 분에게 고마움의 은혜를 알아야 한다.

나를 불자에 길로 인도하신 분은 경희대학교 대학원 교수이자 국문학 박사이신 서정범 교수님이시다.

나는 이분의 저서를 보고 출가하였다. 2010년 83세 일기로 타계를 하신 줄 알고 있다.

고인의 명복을 빕니다.

왕생극락 하옵소서.

육바라밀

바라밀이란? 도피안 즉, 피안의 세계를 말하는데, 추구하는 이상의 경지를 말한다.

옛날 중국에 백낙천이란 시인과 도림선사께서 한담을 나누고 계셨는데 백낙천 시인 왈 선사, "대체 어떤 것이 불교의 대의 입니까?" 하고 물었습니다.

도림선사 왈,

모든 악한 짓을 하지 말고	諸惡莫作(제악막작)하고
선행을 받들고 행하라	衆善奉行(중선봉행)하라
자신의 뜻을 맑히면	自精其意(자정기의)하면
이것이 불교의 가르침 이니라	是堤佛敎(시제불교)이니라

백낙천 왈 "이것은 세 살 먹은 아이도 다 아는 사실이 아니냐" 하니까 도림선사 왈 "팔십 살 먹은 노인이라 할지라도 행하기는

어려운 법이니라”하셨다.

우리는 이 대목에서 불교는 무명 속에 깨우침으로 거듭 나, 안다는 욕구를 정화시키고, 이고득락 할 염원으로서 극락세계를 정적인 욕구를 정화시키고, 죄를 짓지 말고 착한 일을 함으로서 의적인 욕구를 정화시킴으로써 지知 알음, 정情 감정, 의意 뜻으로 결점이 없어지므로 개심인 즉 견성인 부처님이라 부른다.

철학적 방면으로 보면 인간적인 참이요 종교적으로 보면 아름다움이요 윤리적으로 보면 착한 것이다.

이를 실천하기 위해서 육바라밀이 동행하게 된다.

우리가 굶을 수 있고 참을 수 있고 생활의 꿈을 노래하며 육바라밀을 동시에 실천한다면 우리는 바로 대자유인이요, 대해탈인이요, 대평화인이다.

대품반야경 의 섭오품중 이러한 말씀이 있다.

‘섭오’ 라는 말은 육바라밀의 한 가지 한 가지가 다른 다섯 가지를 포함한다는 것을 뜻한다.

보시바라밀을 행하면서 지계, 인용, 정진, 선정, 지혜의 나머지 바라밀도 동시에 실천 하시는 것이다. 육바라밀 중 다른 한 가지를 행할 때도 마찬가지로 다른 다섯 가지를 겸해서 실천하는 것이 좋다는 뜻이다.

대품반야경은 이와 같이 한 바라밀의 실천 속에서 육바라밀 전체를 다 실천하는 것을 가르치기 위해서 별도로 한품을 만들었다.

이는 육바라밀을 동시에 깨우침으로서 거듭 난다는 뜻이다.

육바라밀을 동시에 닦으면 좋은 줄은 알지만 육바라밀 쪽에서 보면 왜 동시에 닦아야 하는가가 분명하게 이해되지 않을 수도 있다.

그러나 육바라밀이 바로잡고자 하는 여섯 방향의 문제점을 보면 왜 육바라밀이 동시적으로 행해져야 하는가가 확실히 드러난다.

간탐심奸貪心, 욕망심慾望心, 진애심瞋碍心, 해태심懈怠心, 착잡심錯雜心, 우치심愚癡心의 이 여섯 가지 문제점이 인간에게 나타날 때 한 가지식 차례차례 일어나지 않는다.

동시에 일어 날 수도 있고, 한 가지 문제점은 반듯이 다른 문제점을 뿌리를 두고 있다.

성내는 마음은 자기 욕구가 충족되지 못할 때 일어난다.

즉, 간탐심에 뿌리를 두고 있다. 또 터무니없이 욕심을 내는 간탐심은 어리석음에 뿌리를 두고 있다. 어리석음은 흐트러진 생각에서 일어난다. 흐트러진 생각은 다시 게으름이나 감각기관의 욕망으로부터 일어난다.

이렇게 여섯 가지 문제점이 서로 서로 연결이 되어 있다.

그러므로 한 가지 문제점을 제거하려면 다른 다섯 가지 문제점을 동시에 다스려야 하기 때문에 한 가지 바라밀을 행할 때 다른 다섯 가지 바라밀을 같이 닦아야 한다.

육바라밀의 대상인 간탐심, 욕망심, 진애심, 해태심, 착잡심, 우치심이 상호의존 관계 속에 있고 서로가 상대를 자체에 포함하고 있다. 그래서 이것들을 대치하는 육바라밀도 상호 의존 관계 속에 있고 서로가 상대를 자체에 포함하고 있다.

우리가 만약 굶을 수 있고 참을 수 있고 이상의 꿈을 노래하면서 육바라밀을 동시에 실천할 수 있다면 우리는 지금 당장 무서울 것이 아무것도 없다.

부족할 것이 아무것도 없다. 괴로울 것이 아무도 없다.

우리는 바로 대자유인이요 대해탈이요 대평화인이다.

여기서 춘원 이광수 선생님께서는 육바라밀을 애인에 비유 하면서 불제자로서 명작의 시를 후세에 남겼다.

육바라밀 시

나는 이제 알았노라
"임"은 이 몸께 바라밀을 가르치려고 짐짓 애인의 몸으로 나투신 "부처" 이시라고……

– 춘원 이광수

임에게는 아까운 것 없이 무엇이나 바치고 싶은 이 마음
거기서 나는 보시를 배웠노라.
임께 보이고저 애써 깨끗이 단장하는 이 마음
거기서 나는 지계를 배웠노라.

임께 주시는 것이라면 때림이나 꾸지람이나 기쁘게 받는 이

마음 거기서 나는 인욕을 배웠습니다.
자나 깨나 쉴새 없이 그리워하고 임 곁으로만 도는 이 마음
거거서 나는 정진을 배웠노라.
천하에 많은 사람 중에 오직 임만 사모하는 이 마음
거기서 나는 선정을 배웠노라.
내가 임의 품에 안길 때에 기쁨도 슬픔도 임과 나와의
잊을 존재도 잊을 때에 거기서 나는 지혜를 배웠노라.

*보시 : 자비심을 가지고 널리 베푸는 것
지계 : 계를 받아 지니고 실천하는 것
인욕 : 어려운 일을 참고 견디는 것
정진 : 항상 수행에 힘쓰고 게을리지 않는 것
선정 : 마음을 고요히 하여 정신을 고요히 하는 것
지혜 : 삿된 지혜와 나쁜 소견을 버리고 참 지혜를 얻는 것

시와 인생

별마로 천문대에 새벽별 빛나는데
밝은 달 솔바람에 시나 쓰는 범부인생
고요한 적막강산을 사랑하며 사는 나

마음도 뜸이 들면 부처가 될 모양이다
생각의 사념 끝에 환희심이 묻어오면
고향집 환한 살구꽃 삼월 같은 마음이다

내가 살던 고향집은 아득한 꽃구름 속
황량한 가을 들판 흰 눈 덮힌 처사 론데
그 언제 봄은 다시 와 진달래 길 찾아 갈거나

귀뚜리 울음 따라 우수수 낙엽지고
인생도 나이 들면 저 모양이 되나 보다
덧없는 유수를 잡고 행여 울어나 볼까

행복에 겨워 운다 참 나를 잊었는가
온 곳도 모를 인생 갈 곳을 염려하다
세상은 만법귀일인데 어디에다 꿈을 두랴!

삼라만상이란?
저 광대무변한 우주 법계와 영겁의 시류 속에서
대체 나는 누구인가?
어디서 왔다가 어디로 갈 것인가?

생이란?
구름 한 점 일어남이요.

죽음이란?
그 구름 살아짐이라
나는 이 커다란 두 길을 걸으며
내 한 삶을 들여다보며
내 마음 밭에 내 농사지으며

내 체전에 내 나물 가꾸며 내 책 내가 펴고
내 샘물 마시고 내 염불 내가하고
내 현묘함을 내가 지키며

존재란?
물음에 내 영혼을 시어에 담아 진선미를
노래하고 본연의 실상을 노래함이다.

공수래공수거空手來空手去

공수래공수거란?

사람이 태어날 적에 빈손으로 왔다가 이 세상을 하직할 때는 빈손으로 돌아간다는 뜻으로 재물에 대한 큰 욕심을 부릴 필요가 없음을 교훈적으로 이르는 말이다.

그러나 인생을 사는 동안에는 필요 충분으로 재물이 있어야 잘 사는 것으로 생각하고 너 나 할 것 없이 돈 타령이다.

이렇듯 오욕락에 묻혀서 살다보니 소유물에 젖어 그로부터 잘 사는 것에 잣대를 재고 탐욕의 도가니 속에 살면서 늙고 병들어 임종을 맞이하면 그동안 열심히 벌여 들인 재물을 아무것도 가져가지 못하는 안타까운 마음의 발로에서 유래한 것이다.

그러나 이 산승은 말하려 한다.

인간이 태어날 적에 두 주먹을 불끈 쥔 뜻은 이 세상을 살아갈 욕망을 일컫는 것이다.

여기서 인간은 소유욕인 식욕, 애욕, 재물욕, 명예욕, 장수욕 등으로부터 오는 많은 업을 짓게 마련이다.

한이 많거나 원이 많거나 하여 쌓인 이 오욕락 덩이는 곧 업이 되어 육도에 윤회하는 것이다.

그런고로 업식을 바로 알고 그 발현하는 곳을 알아 윤회 고를 벗어야 할 것이고 공수래공수거란 업식은 가져간다는 뜻이니 죄악을 짓지 말고 참회와 바른 팔정도대로 살아갈 것에 부처님께서는 우리 중생에게 이를 선물한 것이다.

존재存在란?

무릇 이 삼라만상은 크게는 유정물과 무정물로 나누어 있고 특히 우리 불가에서는 유정물을 중요시하는데 육도라는 것이 있다.

이 육도는 지옥도(죄악을 지은 중생이 죽은 뒤에 태어날 지옥선 악의 업이 중생으로 하여금 고락의 곳에 인도 하는 곳), 아귀도(아귀 즉, 귀신이 될 업을 인도하는 곳), 축생도(중생으로 악업을 짓고 어리석음이 많은 이를 축생으로 인도하는 곳), 아수라도(싸우기를 좋아하는 귀신으로 인도하는 곳), 인간도(인간으로 인도하는 곳), 천상도(극락세계로 인도 하는 곳)으로 유정물은 윤회를 한다고 한다.

이러한 수억 겁 광음 속에서 윤회를 거듭해서 받은 이 소중한 몸을 사람답게 멋지게 여실히 살아 인간다운 실상의 존재감을 나누자는 것이다.

오늘날 대중문화는 봉사하는 아름다운 미덕을 가진 사회단체가 많아졌다. 점점 이 사회가 고령화가 되어가기 때문일까?

남의 팔다리가 되어주는 사람, 농어촌의 대민 봉사활동을 돕는 사람, 요양원에서 거동이 불편한 노인들 목욕시키는 사람 등 다양하다. 즉 이런 봉사자는 사람의 향기가 난다.

후세를 위해 저술하고 연구하고 일하는 사람, 사회의 그늘 진 곳에서 안과 밖으로 일하는 관세음보살 같은 분은 진정한 보살도를 구하는 사람이다.

이런 아름다운 사람이야 말로 존재란 물음에 부끄러움이 없을 것이다.

반대로 남의 중상모략이나 일삼고 남을 곤경에 빠지게 하는 악의 그늘에서 전전하였다면 존재란 물음에 가히 부끄러울 것이다.

외로운 혼 홀로이 서쪽으로 향할 날
가련타 인생살이 오늘 사람 내일인데
나의 삶 영혼의 무게는 몇 그램의 무게일까?

주어진 한 목숨이 다하는 날이 오면
나는 저 세상에서 어떻게 살았는지
존재란 값의 물음을 어떻게 답 할 건가?

마음에 무게는

간혹 일상생활에서 마음이 무겁다는 소리를 듣는다.

마음이 무겁다는 것은 생각의 견해이다.

생각의 견해는 곧 행동으로 이어져야 함이다.

우리 몸은 지수화풍의 4대 원소로서 이루어진 것인데 地(지) 우리 몸을 지탱하고 있는 뼈대 부분을 말하고 水(수)는 피와 물과 같이 생긴 원소를 말하고 火(화)는 우리 몸의 일정한 체온을 말하며 風(풍)은 바람 즉 기운을 의미하는데 이를 통틀어 육신이라 한다.

이 육신은 여섯 가지 기관으로 보고 듣고 냄새 맡고 맛을 보고 촉감으로 느끼고 뜻을 새기는 가운데 이를 움직이는 것을 마음이라하며, 4대 원소가 흩어지는 것을 죽음이라 하며 육신을 여윈 자의 마음을 일러 영혼이라 한다.

우리가 수행하는 과정에서 육신을 體(체)라 하고 마음을 어떻게

用(용) 다스리느냐에 따라서 닦는 마음의 척도를 알기도 하고 수행의 깊이를 알기도 하고 선과 악이 나타날 수도 있다.

여기서 마음이 무겁다 함은 여섯 가지 알음알이로 오는 물질과 마음의 여러 법을 발현케하는 아뢰야로 우주의 만유를 전개하게 된다. 그러므로 나, 나의 실상은 6식과 이를 인식하는 6경이 있다.

6식의 대경은 과거, 현재, 미래로부터 온다.

이는 끝내 탐, 진, 치 삼독의 베일에 싸여 돈다.

6식 곱하기 3세=18+3독=21그램, 이것이 삶을 사는 영의 무게이다.

참 삶이란?

참 마음, 참 생각, 참 행동이 실다움을 의미 하나니 무엇을 직관하고 얻을 것인가 조용히 관할 일이다.

마하반야바라밀...

*6식 : 안, 이, 비, 설, 신, 의(眼, 耳, 鼻, 舌, 身, 意)의 인식작용
6경 : 색, 성, 향, 미, 촉, 법(色, 聲, 香, 味, 觸, 法)의 만유의 대상
3세 : 과거, 현재, 미래
3독 : 탐욕, 성냄, 어리석음

3
실다움과 서장

여실지견如實之見

인간은 누구나 아름다운 인생관과 더불어 행복한 삶을 누리고자 한다. 그러나 이 세상이란 것은 그것을 그리 단순하게 허락하지 않는다.

인간은 저마다의 삶의 따라 추구하는 이해타산으로 끝없는 욕심을 내게 마련이다.

이 욕심을 쫓아 세상은 자기들만의 물질적 사고에 싸여 국가 간에 정당 간에 이웃 간에 형제 간에 헐뜯고 다퉈서 싸워야 하는 오늘의 현실이다.

오늘의 경제적 부유 속에서도 다들 먹고 살기가 어렵다고 한다. 무엇이 문제인가.

안심입명이라는 말이 있다.

세상을 살아 나가면서 부딪치는 갈등과 불안을 잠재우고 평화와 안락한 삶을 추구하라는 뜻일 것이다.

이는 개개인이 가진 이해타산이 무너진 까닭에 진정한 배려, 진정한 사랑의 나눔, 진정한 자비가 무너진 자본주의의 산물일 것이다.

우리라는 세계가 함께 공유하기 위해서는 사람다운 세상, 함께 공유하여야 할 진정한 성모마리아의 평화, 부처님의 자비, 예수님의 사랑이 그리운 세상이다.

이것이 진실한 종교에 계합하는 믿음일 것이다.

삼독과 마음의 병

인간의 모든 질병은 마음으로부터 오는 것인가.

육신의 고통으로 온 것인가를 잘 살펴보아야 한다.

소가 물을 마시면 우유가 되고 독사가 물을 먹으면 독이 되듯이 중생의 마음에 따라 여러 가지로 나타난다.

오늘날 육식 문화가 발달되면서 사람의 성품이 동물처럼 변한다는 것은 채식주의자에 비해 당연히 다른 것은 탐욕으로 길들어진 육식을 많이 섭취한 탓이다.

흔히들 말하는 오욕락 중에 탐욕과 성냄, 애욕으로 오는 것은 삼독이 있다는 것이다.

인간의 끝없는 탐욕은 장 기관에서 일어난다.

가사 예를 들면 돈을 많이 벌고 싶은 욕망에서 많은 빚을 내어 어떤 사업을 꾸렸을 적에 사업은 되지 않고 빚 독촉만 늘었다면 이 사람은 온전하겠는가.

빗 가릴 생각에 주야로 신경을 쓰다 보니 신경이 쇠약해지고 위염을 앓게 되고 나중에는 위암까지 발병한다.

이는 욕심이란 마음이 화근인 까닭이다.

반대로 먹을 것이 없는 농부가 가난한 살림에 끼니를 굶고 일만 하다보면 이 농부는 필연히 위염을 앓다가 위암으로 번질 것이다.

이는 살피고 살펴보면 자기 몸을 혹사를 시킨 까닭이 그 원인이다 일에 욕심을 낸 어리석은 자라 하겠다.

성냄은 간장에서 오는 것으로 가사 어떤 자가 시키던 일을 자기 뜻대로 하지 않아 일을 망쳤을 때 버럭 화를 내고 갖은 욕설을 퍼부면서 하는 말이 나 미치고 환장하겠네 라고 말한다 환장이란? 간이 발랑 뒤집어 진다는 말이니 이를 어쩌겠나. 간에 치명적인 손상을 입어 간염을 앓을 것이고 그 화풀이로 독한 술을 많이 마시고 마음을 달래려 든다면 이 또한 간암으로 전이가 되기 십상이다.

살피고 살필 일이 아닌가? 성낼 일인가?

마음을 찬연히 들여다 볼 일이다.

애욕은 만나지 못한 그리움이 마음에 고통을 주는 것으로 사랑은 도가 넘으면 살갗이 타는 남녀 간의 행위로 흔히들 우리 저변에 하는 말로 애간장이 탄다라고 표현을 하기도 한다. 그리고 요즘 시대에서는 자식에 대한 각별한 사랑으로 오는 증상도 있다

이러한 마음에 병은 상사병, 정신이상자 정신 분열증 우울증,

자살 등으로 반전되기 싶다.

그리고 성냄 쪽에서 오는 호흡기 계통으로는, 폐렴, 기관지염, 편두성을 들을 수 있다.

머리에 나는 부스럼이나 속에서 괴어서 나오는 종기들은 모두 마음에서 일으킨 악심의 독이 뻗쳐서 생겨난다.

마음에 일으킨 독을 뱉으면 구업이 된다.

전생에 구업을 많이 뱉은 사람은 이빨이 성하지 않다.

그리고 마음에 독이 그대로 퍼지는 수가 있다.

여자를 두고 하는 말인데 어떤 여자가 심한 악담을 하면 “오뉴월에도 서리가 내린다 라는 말이 있듯이 한사람의 말이 주위를 괴롭게 만들고 화병을 불러일으킬 수 있다. 마음에 병은 육신의 건강과 직결되고 사회의 건강과 직결 된다.

소납이 예시하는 환자가 있어 적문하고자 한다.

학우심 상좌

그대의 병이 중하다고 들었소!

그것은 무슨 병인가?

그것은 몸에 병인가?

마음에 병인가?

만일 몸에 병이라면, 몸은 지 · 수 · 화 · 풍 4가지의

요소가 거짓으로 모여서 생긴 것으로
그 4대는 각각주인이 있는데,
어느 것이 그 병자인가?
만일 마음에 병이라면 마음은
실체가 없는(幻化환화) 것과 같은 것이니
비롯 거짓 이름은 있으나
그 본체는 실로 공한 것이라
병이 무엇을 쫓아 일어났는가?
만일 그 일어난
곳을 추궁해 보면 일어난 곳은 없으니,
지금에 고통은 어디서 왔는가?
또 고통을 아는 그것은 무엇인가?
살펴보고 또 살펴보면, 갑자기 크게 깨우칠 것이요
이것이 무애자가 바라는 바요
마하반야바라밀

마음에 병을 설하다

어느 날 안색이 안 좋은 보살님 두 분이 오셨다.

안색을 보아하니 몸이 평안하지 않아 보였다. 어찌 보면 말 못 할 고민이 있어 보였다.

이것이 있었으므로 저런 일이 있었던가? 지난봄에 아들이 봄 장맛비에 휩쓸려 그만 목숨을 잃었다 하셨다.

어쩐지 우울증 같은 것이 내비쳐졌다.

같이 찾아 온 동행자가 말씀하였다.

아들이 물에 빠져 죽은 날로부터 식음을 전폐하고 그렇게 울고 울었다 한다.

애기인 즉 보살님은 중국에서 몇 년 전에 시집을 온 보살이었다.

바다 건너 이 첩첩산중에서 맺은 사랑하나 의지하며 잘 살아 보겠다며 궂은일을 마다하고 식당일에 소일을 했나보다.

어느 일요일 날 아내는 신랑이 출근을 하지 않는 관계로 아이를 맡기고 식당에 나갔는데 아버지가 봄 거름을 하우스에 뿌리는 사이 어린아이가 마을 강변에 엄마 아빠를 찾으려 나갔다가 그만 물에 빠져 죽은 모양이었다.

얼마나 자식이 그리웠으랴 얼마나 그리웠으면 신랑을 원망하고 길거리를 헤맸을까 미친 여자처럼 이런 일이 있은 후 부인은 정신병자로 정신 병원에 가야만 했고 병원에서 나온 후 부인은 마음에 병을 얻어 곧장 쓰러질 것만 같았다.

일에 욕심이 화를 불렀고 마음에 안정을 찾는 것은 많은 세월이 필요로 했을 것이다. 자식을 가슴에 묻어야 하는 절망감 이해하고도 남음이 있으리라.

소납은 보살님과 차를 나누면서 많은 얘기를 했다.

보살님 그 아이 이미 이 세상 사람은 아니고 저 세상으로 갔으니 좋은 곳으로 갈 수 있겠끔 천도재나 제가 그냥 지내드리겠다고 말씀을 드렸더니 눈물만 흘리고 하염없이 하늘만 쳐다보고 있었다.

나는 찬연히 말씀을 드렸다.

보살님 죽은 아이를 위해 소승과 함께 지극 정성으로 천도기도를 하면 되지만 문제는 보살님 마음입니다.

지금 보살님 얼굴을 보십시오.

무척 수척해 보이는데다 마음에서 올라오는 비애의 슬픔과 원망이 가득 차 있습니다.

이를 어찌하면 좋으시겠습니까?

보살님 건강도 생각하시고 가족도 생각하셔야지요.

보살님 보살님께서 마음에 병을 얻는다면 남은 가족도 마음에 병을 얻습니다. 이젠 훌훌 털고 새로운 마음가짐이 중요합니다. 이 또한 인연인 걸 어찌합니까? 마냥 슬퍼만 할 수 없는 일이 아닙니까?

석양천에 철새들이 짝지어 날아간다.

보살님은 한동안 말없이 계시다가 법당으로 들어 가시더니 나오질 않아 나는 섬뜩해서 법당 안을 들여다 보니 울고 계시는 것이 아닌가. 같이 동행한 보살더러 조용히 타이르시고 집으로 모시라고 했다.

한 시간이 지났을까 이제야 산을 내려 갈모양이시다.

나는 조용히 배웅을 했다.

다음 날 아침 인기척에 문을 열었더니 어제 같이 동행한 보살님과 처사님이 오셨다.

죽은 아이를 위해 천도재를 부탁하는 것이었다.

나는 아무것도 준비 하지 말라고 했다. 마음에 정성이면 족하다 했다. 나는 시자더러 우유와 빵, 과자를 사 오라 했다.

그리고 곧장 거불과 유치 청사를 시작으로 가없는 어린영혼을 달랬다.

시식이 끝난 후 보살님과 처사님께 진정한 마음을 살피고 살피는 일이 시급 하다고 말씀을 드렸다.

내내 교안 하시라는 당부도 잊지 않았다.

몸의 병 보다 마음에 병이 더 무섭다는 것을 알아야 한다.

몸은 4가지 원소로 생긴 것으로 허깨비에 지나지 않음을 알아야 한다.

고통을 아는 그것이 무엇인가를 살피고 또 잘 살펴야 할 일이다.

어머님과 계란 이야기

내 어머님은 한국의 어머니상이라고 자부하고 싶다.

현 시대를 살면서도 잠자리에 드시기 전에 도덕경을 꼭 읽으시고 자성반성을 하시는 분이다.

그것도 한문으로 말이다.

어머님은 일본치하에서 당시 초등학교를 나오셨는데 참으로 똑똑하시고 매사에 하시는 일이 정직하고 총기가 남다르시다.

지금도 팔순을 넘는 노인이 도덕경 한 권을 다 암송하시는 걸 보면 수재이시다.

이 이야기는 옛날 보릿고개 시절 먹고 살기가 어렵던 때, 어머님은 김해김가 종택으로 시집을 오셔서 육남매를 낳으시고 기르고 훈육하시는데 있었어도 남달랐다.

요즘 세상에는 아이들 체벌로 인해 선생님과 마찰이 빚어지는가

하면 아이를 상대로 학교 선생님이 고발하는 아이러니 한 시대다.

이는 양자 간의 기본 인성 바탕이 결여 된 것이 아닌가 싶다.

그러나 내 어머니는 가정교육이 엄하셨다. 위로는 웃어른을 모시랴 아래로는 자식이 있는 층층시하다 보니 엄할 수밖에 없었던 시절인 것 같았다.

서술하자면 소승이 다니던 초등학교 2학년 시절로 거슬러 올라가면 그 시절에는 왜 그리 눈도 많이 오고 추웠던지 지금도 생각만 해도 을씨년스럽다.

그때 2학년 겨울 방학을 보내고 3학년 새 학기가 다가와 새 노트를 사야하는데 대가족이 살고 있었던 터였고, 더욱이 한국동란으로 인한 전쟁의 폐허도 있었고 하여 너 나 할 것 없이 다들 먹고 살기가 어려웠던 시절이다.

그 시절에 시골 학생들에게 유일한 돈은 계란이 였는데 그 계란으로 연필 노트도 사고 당시 인기가 있었던 눈알 사탕도 사 먹고 여름이면 하드와 맞바꿔 먹기도 했고 심지어는 호롱불 등유도 샀다.

그해 삼월 오일 새벽녘에 많은 눈이 내렸다.

온 들판은 하얀 세상 나는 목도리를 하고 짚으로 싼 계란을 책보자기에 다시 싸서 어깨에 동여매고 새 학년이란 기쁜 마음으로 어머님 손을 잡고 집을 나섰다.

지금은 땜 공사로 수몰이 될 위기에 처해 있는 초등학교는 두메산골이다. 큰 산을 두 개나 넘어야 학교에 당도할 수 있는 40십리 길이나 되는 먼 길이였다.

그 먼 길을 동네 아저씨들이 눈길을 쓸고 위험한 산 내리막 길에는 모레를 뿌리고 하였지만, 그래도 미끄러웠다. 나도 안 넘어질 새라 새끼로 발을 동여맸지만 눈을 많이 밟은 터라 상당히 미끄러웠다.

조심조심 걷고 걸어 내성천을 지나 기차역을 지나자 타 동네 학생들 숫자가 불기 시작하자 몹쓸 개구쟁이 동심의 형들, 눈싸움이 심했다.

길은 더욱 미끄러웠고 눈길에서 집단 싸움을 일삼는 형들의 틈바구니에서 나는 그만 피하지 못하고 재수 없게 엉덩방아를 찧으면서 넘어졌다.

한동안 누워 있었다. 그때 지나던 오학년 누나가 나를 일으켜주웠다. 누나는 다그쳤다.

누가 너를 그랬느냐고, 저 앞쪽 형아들이 갑자기 앞쪽으로 달려가던 누나가 다투는 소리가 들렸으나 나는 그 길로 학교를 가는 둥 마는 둥 천천히 가다가 지각을 했고 하루 종일 깨트린 계란 생각에 학교 시간은 어떻게 파했는지도 모르고 동네 아이들 따라 집을 향해 마을 어귀까지 와서 사촌들과 딴전을 피우며 집을 물끄러미 봤다. 어느새 누나는 학교에서 돌아왔는지, 저 멀리 어머니와 누나가 물동이를 이고 고샅으로 들어가는 모습이 보였다.

엄한 어머니가 무서웠던지 집으로 들어가기도 그렇고 하여 나는 집 주변을 자꾸 배회했다.

쇠죽부엌 앞에는 할아버지께서 무엇을 하시는지 서성거리신다. 이윽고 할아버지께서 방으로 들어간 사이 나는 이때다 하고 얼른 죽짚간으로 잽싸게 몸을 피했다.

그리곤 어머님 아버지 동태를 살펴야만 했다.

큰할아버지 방으로 들어가기 위해서였다.

날은 점점 어두워지기 시작했다.

그날따라 할아버지께서는 조선 낫자루를 만들고 계셨고 아버지께서는 가마니를 만들 틀을 준비하시느라 좀처럼 자리를 뜨지 않자 그만 나는 어느새 지쳐 죽짚간에서 잠이 들고 말았다.

얼마나 잤을까 사방은 칠흑같이 어두운데 인기척이 있었다.

자세히 들으니 하루의 일상을 알리는 큰할아버지 헛기침이었다. 이윽고 할아버지가 아침 쇠죽을 쑤기 위해 나오시고 어머님께서는 뒷바라지 문을 여는 소리가 들렸다.

뚜벅뚜벅 할아버지가 죽짚간으로 오는 모양이다.

나는 숨을 죽이고 납작 뒤로 엎드렸다.

다행이다 싶었는데 어머니가 할아버지께 말을 건넨다.

섭이, 할아버지 방에 있니껴?

나는 가슴이 철렁 내려앉았다.

소 마구간에서는 닭들이 꼬끼오 푸드득 홰를 치면서 마당으로 나가는 모양이다.

초가집 까치구멍으로 아침 연기가 가득하다.

닭 모이 주는 소리도 이내 들렸다. 이때다 싶어 동정을 살핀 후 뒤 안으로 몸을 숨기고 살금살금 기었다 그만 기침을 흘렸다.

뒷바라지 문으로 들어가려 하는 순간 부엌에서 구정물이 날아왔다. 얼른 피했다. 또 다시 부엌 안을 살피는데 어머니께서 냄비를 들고 사랑부엌으로 가시는 모양이었다. 또 다시 이때다 하고 부엌을 빠져 중간 방을 지나 사랑방으로 들어가 큰할아버지께 연신 쉬쉬 입을 막아 말을 못하게 한 후 귓속말로 작은집에서 사촌들과 놀다가 자고 왔다고 말했다.

큰할아버지께서는 알았다는 듯이 연 고개를 끄떡이셨다.

사랑방에서 피곤했던지 잠을 청하고 있을 때 밥상이 들어왔다 어머님은 내 잘못과 거짓을 알고 있었는지 모르는지 다그침 없이 아침밥 먹으로 가자는데 따라나섰다.

"너 어디서 잤노?"

난 아무런 대꾸도 하지 않았고 아침밥을 먹는 둥 마는 둥 수저를 놓고 학교를 갈 준비를 하는데 이제야 떨어지는 어머님 말씀 너 어제 공책 산 거 보자 하시는데 앞이 캄캄했다 옆에 있던 누나는 눈을 힐근거리며 밖을 나섰다.

아무런 대꾸도 없이 나는 가만히 있었다.

잠시 밖을 나가시더니 싸리 회초리를 들고 오셨다.

"너 어제 그 계란으로 사촌들과 눈알사탕 사 먹었재?"

나는 고개만 푹 숙이고 아무런 입도 열지 않았다.

그 귀한 계란을 깨트린 것만으로도 자책을 느꼈다.

"누구랑 먹었노. 이놈아 말 좀 해 바라?" 새 공책을 보자시며 종아리가 피멍이 들도록 매를 맞고 "니 도대체 커서 뭐가 될라 카노?"

그래도 나는 아무런 대꾸도 못했다.

그 당시 계란은 매우 귀했다. 어렵게 농촌에서 자란 기성세대는 알 것이다.

씨닭으로서도 귀했고 없는 살림에 여러모로 귀했다.

또 이웃 서로 간에 빌려주고 받는 것도 보면서 자랐다.

나는 느끼길 어려운 이 환경에서 눈길에 조심을 못한 내 탓으로 돌리고 어머님께서 매질을 하시는 대로 맞았다. 얼마나 맞았을까 학교 갈 시간이 돼서야 책과 책보를 가지고 오라신다.

이때 어머님은 책보에 묻은 계란을 보시고 놀라시며 "얘! 섭아, 너 어제 그 계란, 눈길에 넘어져 깨트린 거야?" 정색을 하시며 또 매를 들었다.

나는 또 수도 없이 맞았다 "야! 이놈아 깼으면 깼다고 말하지" 라며 어머니는 나를 안고 우셨다. 그런 일이 있은 후로 나는 매를 맞아 본 적이 없었다.

나는 어릴적부터 인성교육은 그렇게 철두철미하게 받았다.

요즘 아이들 같으면 오히려 깼으면 깼다고 말하고 자기 부주의는 아랑곳하지 않을 것이다. 엄마 새로 돈 주세요 할 것이 자명한 이 세태가 자못 걱정이다. 여기서 제 자식이라고 두둔한다면 남을 모르고 내 탓을 모른다면 인성교육은 어디로 가는 것일까?

더불어 살아가는 공동체에서 이해타산으로 살아가기는 힘들 일이다. 더구나 자기 자식만을 두둔하는 오늘날 참으로 인의예지신仁義禮智信이 그립다.

이제는 매질할 힘이 없는 어머님이 무척이나 그리워 이 산승, 「어머니」란 시조 시로 문단에 데뷔한 작품을 나직이 읊조린다.

두고 온 미련이기 그리운 사바라 하자
한마음 봇물 가득 채워둔 인연이기
이 밤도 만월로 떠서 저를 보실 어머님

이 자식 잘돼 옵 길 정안수로 빌던 어제
어느새 구름발로 저무는 오늘 되어
가엾어 저민 한 시름 사모곡만 흐르고

한 가문 맏 종부로 오대를 봉양하고
어느덧 돌아드는 팔순의 인생고해
세월이 흘러 갈수록 눈앞이 아득합니다.

청매에게 주는 서신

한 삶의 생을 신뢰하며 환희하며 경악하며 살아 도는 길목에서

올해도 그럭저럭 가을빛 저무는데
나는 그 어디서와 어디로 갈 것인가
생각는 마음의 등불 아련하기만 합니다.

삼라만상의 그 모든 것은 나고는 죽어가고 죽어서는 그 어디로 육신은 흩어지고 정신은 넋이 되어 구천에 떠도는 객이랄까?

한 줌의 흙으로 한 줌의 무연으로 공속의 진공에서 진공의 공속에서 다시금 태동할 에너지로 남을 건가를 궁구하니 생사의 류전이 쉴새 없이 흐르고 삼라는 온통 귀거래사를 노래하는 가을로 보입니다.

그리하여 빈도의 소승은 내가 오늘을 살아가는 존재의 가치를 말하려 합니다. 존재의 가치는 일이고 존재의 가치는 일인 즉 힘이다.

일이란 그 자체가 곧 힘이라는 것인데, 하고 많은 일중에서도 제일 큰일은 자기 성찰 즉 자기 자신을 제도하는 일이다.

이상처럼 큰일은 없을 것이다.

우리가 말하는 불교의 일이란? 자기 성찰을 통하여 자기를 제도하는 일이다.

자기제도란?

인간의 진명의 본체인 본래성품을 불 밝히는 등신불 즉, 자기 자신의 자명등을 불 밝히는 일이다.

이는 곧 불교의 팔정도를 의미하는 일이다.

불교는 기독교의 유신론처럼 이적이나 기적이 아니다.

그런고로 자기성찰 자기제도란?

자신의 본래성품을 바로 보고 자기완성으로 가는 사성제의 길이요, 수행이요, 도로 들어가는 길이요, 오탁악세에서 벗어나 물들지 않음이 곧 청정법신인 것이다.

늘 간절한 신심이 끊어지지 않음이 도이다. 늘 생각할 줄 아는 근원이 신의 자리다. 이와 같이 불교는 기적이나 이적의 복락 성취는 아니다 유형적인 복락은 허구성임을 알아야 한다.

불기자심不欺自心이다. 내 자신의 마음을 속이지 말아야 함이다.

자기성찰과 자기제도는 무형의 일이다. 그리하여, 우리가 하고 있는 일에는 참선 염불 수행 등이 있다.

무형의 일이 완성하는 길을 우리는 성불이라고 한다.

중생에서 성문으로 성문에서 연각으로 연각에서 보살로 보살에서 무상정등각인 부처로 거듭 나기 위하여, 자기제도 즉 자기완성으로 성불 해탈하는 것이다. 절대로 자기 성찰 없는 지장과 관음은 있을 수 없다는 것을 바로 알고 불교를 믿고 신봉하여 마음을 잘 다스리고 늘 관조하고 화광반조 하는 것이 일이다.

마음 밭에 마음농사를 잘 짓는 것이 복전을 짓는다라고 생각하여 하시고자 하는 일에 성취를 하시길 기원하면서 부디 마음에 정법 안정이 깃드시길 빈도의 소승 무애자 청학은 빌고 발원할 지니 확철대오 하시고 니르바나를 얻으소서 부디 환절기에 몸조심 또 조심하십시오.

사십사 년의 생애를 맞는 청매 어머님께 이글을 삼가 올리다.

산중에 중늙은이 보듬어 고맙건데
그대의 어머님 전 한 생각 올리소서
때로는 낳아 준 은혜 잊고 사는 자식이라고

원초신과 포태신의 만남

신두腎頭는 콩팥신 머리두는 신광이라 해서 남자 호르몬이 생겨 배출되는 곳이다. 이를 원초신이라 한다.

보지寶池는 여자의 호르몬이 생겨 본래지를 가리키는 곳이다. 즉 생명체의 집이다.

포태신과 원초신이 만나서 하나의 결합이 되는 것을 우리는 한 인간의 본래지가 생겨난다고 한다.

이것이 나의 조상으로부터 받은 본래모습이다.

축시를 받은 것을 옮기다

– 안경우 박사님으로부터 받은 한시

청학비상 천만리青鶴飛翔 千萬里
(청학이 훨훨 날아 하늘 만리 자유로이)

백운작반 영천시白雲作伴 詠千詩
(백운을 벗 삼아 천편 시를 읊어 내다)

약비김립 전생몽若非金笠 前生夢
(혹시 저 선비가 전생 김립이 아니신지)

일필사군 불사기一筆四君 不死期
(일필 생한 사군자는 죽음 걱정 않으리)

己丑 秋光

蓮邦學人 安 鏡牛 付授

*이 한시는 경북불교대학교 대학원 학장이시고 철학박사이신 연방학인 안경우 학장님께서 무애심 시조집을 내면서 축시를 받은 영광의 한시입니다.

지준모 한학 박사님으로부터 받은 한시

수류사전 이추풍水流沙轉 已秋風

(흐르는 물에 모래 옮겨 이미 가을바람인데)

운거향산 상수홍雲去鄕山 想樹洪

(구름은 고향 산 돌아가니 단풍을 생각하네)

일월무심 심적막日月無心 心寂莫

(세월은 덧없고 마음은 쓸쓸한데)

암래석체 윤쟁종闇來石砌 潤琤琮

(가만히 들려오는 섬돌에 물소리 들려오는 듯하네.)

己未年 秋江

*한문학 박사이신 지준모 경북대 학장님께서 뜬 구름위에선 선재 선재야 시집을 보고 축시로 선물을 받은 작품이다.
부산에서 문학 활동을 하고 계시는 지운경 시인의 어른이시다.

김준 국문학 박사님으로부터 받은 시조시

청학스님

동강 절벽 험한 골에
단풍 숲 매달린 채

서로들 마주보며
제 자랑이 한창이다

그 너머
청학스님이
이 가을을 거느린다.

*임진년 가을에 국문학박사인신 김준 선생님께서 서울에서 활동하고 계시는 시인 육십 명이 영담 김어수 문학관과 난고 김병연문학관을 기행하시고 이곳 청학사에 방문하여 친히 육필로 쓴 시조시이다.

동암 김춘득 시인으로부터 받은 시

전생에 씨줄과 날줄의 인연으로
소중한 만남 이루어졌는데
세월이 야속하여
이렇게 님과 적소寂疎하니
보고 싶은 마음은 향화로 타오르고
님의 무애심에 실린 심오한 오도송 글은
뒤돌아보아도 그림자가 짙어
지난날 허물없던 가르침인 것이
이젠 화두로 남아
새삼 기억에 더욱 또렷하네.

2013년 1월 29일 청학스님을 그리며…

*동암 시인은 오랜 세월 동안 나와 함께 부산 실상문학작가회 회원으로서 즉 (부산불교문학) 시작을 같이 해온 시인으로 본관이 광산이며 동아대학교에 근무하면서 남다른 씨족의 문중관을 가진 사람으로 근면 성실하고 남다른 유학을 공부하며 장려하고 한편으로는 중요한 문헌 자료는 수필로서 발표하는 남다른 정의감이 있는 시인으로 나와는 많은 선문답을 주고받기도 하던 문우이기도 하다.
그런 선생님께서 오랜 기간 동안 만나지 못해서 서신으로 보낸 시를 보면서 오늘날을 사는 사람으로서의 인연이란 것을 다시 한번 생각하면서 소승이 선생님께 준 불교적 가르침과 선시는 선생님의 마음에 커다란 자리매김을 한 모양이다.

담연스님으로부터 받은 서장

스님은 영덕 효심사에서 정진하는 스님으로서 호는 담연 법명은 해석이다. 나와는 친분이 있는 스님인데 해마다 정월달이면 서신이 오는데 서간문이 미려하여 다시금 마음에 그 고마음의 예를 올리고 져 나열해 본다.

칼바람 추위 속에 묵은해를 보내고 눈꽃 속에 새해를 맞습니다.

스님 여여 하신지요?

소승은 스님과 같은 하늘 아래에서 불법을 함께하는 인연에 감사하고 덕분에 마음이 늘 행복합니다.

새해 달력을 걸어놓고 새로운 기운으로 출발한 것이 엊그제 같은 데 어느새 1월의 끝자락입니다.

바다를 건너 온 바람이 처마 끝에 매달린 잉어보살을 '땡그렁 땡그렁' 울리는 아침입니다. 찬바람에 회색 털목도리를 미라처럼 목을 감싸고 아침 기도를 하는데 눈이 내립니다. 달마스님 처소 앞에서 가르침을 얻기 위해 눈을 맞으며 밤을 새운 혜가스님처럼 숲 속의 나무들도 머리에 눈을 뜨고 있습니다.

돌아보면 꿈같은 세월, 소갈머리 없이 살아온 지나간 세월이 화살 같습니다. 대나무 마디 같은 삶을 살면서 지나간 시절을 돌아보니 끝자락 추억이 되살아납니다. 옛날 생각이 난다는 것은 세월이 가고 나이를 먹어 간다는 표시겠지요.

스님 항상 존경합니다.

마음이 따뜻한 사람은 사라지지 않는 향기로 남듯이, 진정한 수행자로 구름 위에 집을 짓고 열심히 정진하시는 스님 생각을 많이 합니다. 모든 인연을 끊고 모든 것에서 벗어난 수행자는 허공과 같은 마음으로 살아야 하는데, 먹물 옷이 부끄럽지 않도록 생활해야 하는데, 여전히 세속적인 문턱을 넘지 못하고 있는 제가 부끄럽습니다.

옛 선인들의 영혼이 맑은 것은 마음이 명예에 매여 있지 않고, 재물과 욕심에 걸림이 없고 외로움을 탓하지 않기 때문일 것입니다.

내 마음의 크기는 얼마나 될까?

바다와 같이 넓은 마음으로 살고 있는가?

지지고 볶고 좁은 마음으로 남에게 생체기를 내지는 않았는가?

어느 날 문득 나 자신의 마음을 들여다봤습니다.

초심의 마음은 무디어지고 흐려져 중노릇 제대로 못하고 있는 내 모습을 보았습니다. 집착을 버리고 지혜로운 삶을 위해 마음을 다시금 잡아 봅니다. 일 년 동안 동구불출, 산문 출입을 억제하며 행자의 자세로 돌아가 별과 달과 자연의 숲들과 친구하며 영혼을 푸르게 물들여 봅니다.

공부도 보잘것없고 덕행도 모자라 뭍사람의 사표가 될 수 없으니 바다와 산 숲에 날아다니는 바람을 잡고 넋두리 말을 했습니다. 서산에 해지면 나무 그림자가 제집으로 돌아가듯 우리네 인생도 때가 되면 다음 세상으로 떠나가겠지요. 걸망하나 둘러메고 산문을 나서는 것보다 더 가볍게 돌아보지 않고 떠나갈 겁니다.

그때까지, 그물에 걸리지 않는 바람처럼 자유로운 삶 죽 생기면 죽 먹고 밥 생기면 밥 먹는 욕심 없는 삶, 있는 그 자리에 내가 주인공이 될 수 있는 삶을 살고 싶습니다.

거짓말처럼 하늘에 살고 있는 별들이 모두 나왔습니다.

스님은 술래가 되어 별들과 바람과 술래잡기를 합니다.

"무궁화 꽃이 피었습니다."

가물가물 움직이던 별 하나가 스님한테 들켰습니다.

"찌익--" 별똥별 하나가 땅으로 뛰어내립니다.

아마 봄이 되면 별을 닮은 도라지꽃이 필 것입니다.

동이 틀 때까지 추운 줄도 모르고 술래잡기를 했습니다.

바닷가에서 돌아오면서 오늘 또 죄를 범했습니다.

파도 소리를 훔치고, 갈매기 소리를 훔치고, 솔바람 소리를 훔

쳤습니다.

갯바위와 수평선과 구름을 마음에 담아왔습니다.

스님,

겨울이 아무리 추워도 봄은 오겠지요.

앞산 소나무 꼭대기에 까치가 반가운 소식을 전합니다.

"깍깍깍깍……"

붉은 태양이 부끄러운 모습으로 수평선에 고개를 내밀었습니다.

홍매화가 빨간 구슬처럼 눈을 뜰 때까지

스님,

날마다 좋은 날 되소서.

> "나는 나를 주인공으로 한다.
> 나 밖에 따로 주인공은 없으니,
> 마땅히 내가 나를 다루어야 한다.
> 말을 조련하는 현명한 조련사처럼."
>
> – 법구경 비구 품

스님 소중한 인연 감사합니다. 스님을 생각하며 합장합니다.

덕분입니다. 오래오래 강녕하세요.

불기 2557년 1월 23일 효심사에서
담연 해석 합장

어머님의 참회문

소납이 이글을 옮기게 된 동기는 이러합니다.

어머님은 저와는 모자지간이라 하나의 실상인 셈입니다.

다시 말하자면 어머님은 저를 낳아 주셨기 때문에 나의 분신이요, 이 분신을 실상의 눈으로 보면 나란 분신은 어머니라는 객체의 관계이므로 자식이라는 실상의 관계입니다. 이러한 내 어머님께서는 저와는 달리 주말이면 성덕도를 찾습니다.

누구든 종교는 자유가 있듯이 말입니다.

성덕도聖德道란?

도덕정신으로 청심주淸心呪를 외운다기보다는 지극한 마음과 도덕정신으로 자기 마음을 닦아 선각자先覺子로 거듭나는 곳입니다.

불교나 다름이 없는 곳으로 수행처로서 간편하게 자기반성을 위주로 청심주를 찾고 철야 암송 즉 불교에서는 정근正勤 하듯이 닦고 수련하는 곳입니다.

무량청정정방심無量淸靜正方心

무량청정정방수無量淸靜正方水

무량청정정방법無量淸靜正方法을

일념으로 독송하여 대성大聲 대덕大德 대도大道를 밝히며 자아를 실현하는 것으로 경북안동교구 영주 성덕도 교화원 교화사 강재희라고 합니다.

올해 85세로 신미 생입니다.

여기서 무량청정정방심無量淸靜正方心을 해석하면 한량없이 맑고 고요한 데서 바른 마음을 심중에 찾아 놓는다는 뜻입니다.

이 얼마나 올바른 종교관입니까?

바른 마음을 찾는 일과 참회 없는 종교는 있을 수 없고 참회 없는 기도의 성취는 있을 수 없는 까닭에 어머니께서 참회한 참회문을 지면에 그대로 옮겨 봅니다. 타 종교를 존중하는 차원이기도 합니다.

1)안동교구 영주 성덕도 교화원 교화사 강재희

나는 신미 생으로 올해 85세입니다.

일찍이 성덕도를 맞이하여 은혜로움을 입었으나 김해 김씨 종갓집 층층시하의 시집살이에 은혜로움을 잊고 살았음이 이제와 생각하니 많은 반성이 되어 집니다.

입도는 1956년도 신장염에 걸려서 오줌색은 빨갛고 배는 부어서 호흡은 곤란하여 병원이란 병원 약이란 약은 다 써 보았지만 효험이 없어 죽음에 이르렀을 때 그날도 용하다는 곳을 찾아 기차를 타고 병원을 찾아가는데 어떤 아저씨가 저를 보고 하는 말이 영주에 가면 성누가 병원이 있고 거기서 막다른 골목길에 가면 성덕도란 곳이 있는데 가면 거기는 물 떠놓고 비는 곳도 아니요 무량청정정방심을 부르며 자기반성과 아울러 마음을 고치는 곳이니 가보라는 말에 이제사 지푸라기라도 잡을 심정이고 마땅히 갈 곳도 없고 속마음을 태우던 중 한 번 찾아가기로 마음을 먹고 집에 돌아가 이야기를 하니 다섯 어른의 영을 받아야 하는 터였지만 다 죽게 된 며느리 몸꼴이라 시조부 내외분 시아버님 내외분 남편 모두가 가거라! 어디든 가서 그 몸 고쳐만 오너라. 시조모님은 어린 손자는 내가 키울 테니 고쳐만 오라는 승낙을 받고 그날로 쌀 다섯 되를 사서 들고 수양을 하러 교화원을 찾았습니다. 그렇게 저는 선생님께 수양과 수료를 받아왔습니다.

어느 날 선생님께서 흰죽만 먹던 저에게 사람은 만물지 영장인데 이젠 무엇이든지 먹으라고 하시던 말씀과 15세 이후의 잘못을 크게 반성하라고 일러주신 말씀을 듣고 크게 느낀 바가 있었습니다.

시집을 못 보내 주셨다고 얼마나 친정 부모님을 원망하였던지 그래도 클 적에는 왜정 시대이고 한데도 한 오백호 되는 곳에서 국민학교를 나온 사람은 나 한 사람 뿐이였는데 첩첩이 산으로 둘러싸인 두메산골 그곳도 층층시하 집에 시집을 보내 이 고생이라고 얼마나 원망하였던 하나 하나가 눈물겹도록 깊은 반성이 되어 내 몸 안에 녹아지던 것입니다. 그렇게 반성과 아울러 청심주 독송을 선생님 지시 하에 한 보름을 수양을 하고 나니 신기하게도 그렇게도 따갑고 아프던 신장이 부기가 빠지고 오줌색도 제색으로 돌아와 씻은 듯이 나아서 집으로 돌아왔습니다.

그러던 어느 날 다시금 대가족의 시집살이라 거역할 수도 없고 바쁜 나날이 궁핍하던 시절이라 여러 가지 일에 시달려 도덕을 잊어버리고 생활하다 보니 또 다시 병이 도져서 급지급사 현실지견이라더니 다시금 도덕을 찾게 되더군요.

다시금 수양하여 신경위를 고쳤으나 어른들 보기도 난처하고 올망졸망 한 자식을 키우느라 교화원을 엄두도 못내고 있다가 세월이 지난 세월 동안 어른들께서 다 돌아가시고 아이들은 직장을 가지게 되고 이젠 홀로 집을 지키다 보니 자유로운 몸이 되어 65세가 되어서야 교화생으로 열심히 공부하여 교화사 자격도 따게 되었습니다. 제가 그렇게 인간심에 찌들어 사는 동안 저의 맏아들은 승려가 되어 절집을 지키고 있지만 이제는 누가 무어라도 도덕밖에 없답니다.

매일 새벽이 되면 일어나 도덕경 책을 들고 한 권을 다 읽어야만이 일을 하게 되며 사람 하나 없는 외딴 두메산골 집에서 도덕경을 벗삼아 청심주를 외우며 책 읽는 것을 낙으로 삼으며 살아가고 있답니다.

또 다시 다리가 아파서 병원에 들렀는데 양쪽 다리를 수술을 하자고 하는 것을 나는 수술을 하지 않는다 하고 자리를 박차고 나와 청심주를 부르며 내 손으로 수료하여 가면서 잘 지내고 있답니다.

때론 요즘 사람 하나 없는 막막 산골에 도덕을 마지 하지 않았더라면 무엇을 가지고 어떻게 살아갔으랴! 참으로 도덕을 맞이한 것이 감사한 마음에 희열이 올라옵니다. 이렇게 도덕만을 의지하며 살아가는 동안 신기한 일이 일어났습니다.

저의 둘째 아들이 전신 전화국에 다니는데 감독일을 하다보니 술을 많이 마시게 됩니다. 그로 인하여 며늘아이가 집을 나가 돌아오지 않으니 아들을 나무라기도 하고 며느리를 타이르기도 하여 보았지만 막무가내였습니다. 자식의 일이라 확 터놓고 이야기하기도 그렇고 하여 애가 타는 나날을 보내야 해서 구월 구일 행사에 아이들 앞으로 성금을 내고 기도를 마치고 집에 돌아와 보니 그 이튿날 며늘아이가 칠 개월만에 돌아온 것이었다.

참으로 신기롭지 않을 수가 없습니다. 도덕을 받드는 것은 절대로 공짜는 없다는 것을 새삼 일깨워 주시는 것이었습니다.

이제는 아무런 걱정이 없습니다.

저에게 소원이 있다면 지금 고시 공부하고 있는 손자가 이월 이십삼일에 고시를 치르는 날이 있다고 하는데 합격이 되는 것이 저의 소원이며 제 자식들은 아무리 말하여도 도덕을 따라주지 않음이 참으로 안타깝지만 손자 아이들은 저를 따라 도덕 공부를 할 희망이 보이니 그것이 제일로 큰 바람입니다.

손자 넷을 데리고 수련 강좌에 갈 적에는 하늘에 등천하는 기분이였었는데 제 소원이 이루어지길 바랄뿐입니다.

계사년 설날에는 세뱃돈을 주면서 봉투에 도덕지 성공 성공지 도덕이라고 적은 쪽지와 함께 넣어 주었다.

지나 온 세월이 너무 힘겹고 어려워 은혜에 보은하지 못함을 진정으로 반성하며 뒤 늦게나마 수양 잘하여 손자들에게 이 청심주 선줄을 꼭 이어 주고 싶습니다.

감사합니다.

2)안동교구 영주 교화원 김명자 壽玉知의 참회문

팔악의 수렁에서 팔선의 생방길로 이제는 사방팔방 둘러봐도 고마운 사람들 뿐입니다. 제가 살아온 길을 뒤돌아보면 감사의 눈물이 주르르 흐를 때가 한 두 번이 아니랍니다.

성덕의 공부를 하지 않았더라면 아마도 지금은 팔악의 수렁에 빠져 허우적대며 살았을 겁니다.

기억 속에 남아 있는 지난날로 거슬러 가 봅니다.

저의 아픔의 시작은 시동생 결혼식을 치르면서부터였습니다. 시동생 결혼을 시킨 후 이튿날 남편과 저는 신혼여행을 떠나가 있을 거라 여겼던 시동생이 카바레에서 놀고 있다는 소문을 들었기 때문입니다. 그 소문을 들은 남편은 무척 화를 내는 것이었습니다.

그날 저녁 남편은 결혼식 때 쓴 비용을 모두 계산을 하여 놓고 서장에서 논어 책을 들고 들어와 공자님 말씀을 한 구절을 저에게 읽어 주시고는 잠에 드셨는데 그만 잠을 주무시다가 심장마비로 세상을 떠났습니다. 남편과 저는 별 어려움 없이 살아온 터라 시동생 내외 때문에 제 인생이 그렇게 되어 버린 것 같아 그 억울함과 분한 현실 앞에서 어찌 하여야 좋을지 몰랐습니다. 앞을 봐도 뒤를 봐도 모두가 밉기만 하고 억울하기가 이루 말할 데가 없었습니다.

이렇게 저는 수렁 속에 빠져 허덕일 때 시아버님께서 저를 교화하셨습니다. 이렇게 저는 성덕도에 첫발을 들여 놓았고 처음에는 청심주를 부르는 것이 쑥스럽고 반성하라고 할까봐 겁도 났습니다. 제 생일이라도 되면 어슬렁어슬렁 하다가 담임선생님으로부터 전화가 오면 가고 아버님께서 너 교화원에 안 가니 하면 마지못해 가는 생활을 하게 되었습니다.

어느 날 시아버님께서 쌀과 반찬거리를 챙겨주시며 주일 공부를하니 공부를 끝내고 오라고 하셨습니다.

그 당시 저는 주일 공부는 한문 공부를 가르쳐 주시는 공부인 줄로만 알고 갔었는데 계속 청심주 독송만 하시는 것이였습니다. 처음이라 지루하기도 하고 답답하기도 하였지만 일주일이 거의 다 되어 가니 부족한 저에게도 깨달음이 생겼습니다.

아버님을 생각하니 줄다리기 줄의 맨 끝을 잡고 계시는 것 같았습니다.

그때 문득 어떠한 눈보라와 비바람이 몰아친다하여도 제 마음에 튼튼한 기둥을 세워 열심히 살아가겠노라고 저는 이 줄다리기를 잡고 부모 형제는 물론이요. 다른 사람에게까지 같이 잡고 가겠노라고 처음으로 반성이라는 것을 할 수 있었습니다.

그러한 생각의 계기로 열심히 교화원에 다니면서 어느 날인가 제자신을 되돌아보니 찔끔찔끔 울던 눈물이 없어졌습니다.

그리고 먹고 사는 것은 걱정이 되지 않았지만 네 명의 아이들을 공부 시킬 생각만 하면 눈앞이 캄캄하였는데 나는 할 수 있다는 용기가 생기는 것이었습니다.

참으로 가야 할 길이 이 길이로구나. 그래 나는 이 길로 가야만 똑바로 살아갈 수 있겠구나 라는 생각이 들었습니다.

그런데 쉽지 않는 것이었습니다.

이 길로 가려면 마음 가운데 미움이란 단어조차 지워 버려야 되는데 참으로 쉽지가 않았다.

내 자신의 마음과 많은 씨름을 하였습니다.

혼자서는 미워하는 마음을 제재하여 보지만 마주치면 올라오고 이래서는 안 되는데 하면서도 또 올라오고 이래서는 안 된다고 내가 가야 할 길에 장애물이며 걸림돌이라고 반성하고 또 하지만 참으로 쉽지 않았습니다.

온 집안이 살얼음을 딛고 살아가는 것과도 같았습니다.

시동생 내외는 우리 집에 안 올 수도 없고 집에 오면 제방 곁에는 얼씬도 못하였습니다.

시동생 아이들이 참으로 잘생기고 예쁘지만 제 눈치 보느라 한 번 안아 주지도 못하였고 둘째 동서는 형님 저는 조카 백일에 가야 될지 안가야 될지 모르겠어요 하며 제 눈치를 보곤 하였습니다.

저로 하여금 온 집안이 살얼음판을 디디는 것 같아 마음속과 씨름을 반복하고 있었습니다.

어느 제 생일날 선생님께 말씀을 드렸다.

"선생님 제가 이런 마음을 가지고 교화원에 나오기만 하면 무엇하겠습니까?" 하고 여쭈었더니 선생님께서 말씀하시길 그러면 기계가 고장이 나야 고치러 가지 고장이 안 난 기계를 가지고 고치러 가는 것을 보았습니까? 라고 하셨습니다.

그 말씀에 아 맞는 말씀이로구나, 고쳐야 하겠다. 꼭 고쳐야 하겠구나 하는 생각이 들었습니다.

이렇게 몇 해 동안을 마음과 씨름을 하다가 특별 공부 준비를 교화원에서 하고 있었는데 그렇게 밉기만 하던 시동생 내외가 생각이 나면서 그 사람인들 무슨 죄가 있겠는가? 본의 아니게 빚어진 불행으로 인하여 남들은 신혼 생활에 깨가 쏟아지는데 참으로 안되었구나 라는 생각이 들자 저의 온몸이 짜릿한 전율이 느껴졌습니다.

선생님께서는 반듯이 도법은 생존한다 하시던 말씀이 맞구나

하고 그때부터 저는 더 열심히 닦고 마음을 고쳐야겠다고 각오를 다졌습니다.

그렇게 제 나름대로 믿음을 가지고 열심히 살아간다고 하였지만 남자가 할 일 여자가 할 일 아이들 공부시키랴 뜻대로 되지 않아 이 집을 나가 버릴까 하는 마음도 먹었습니다.

그날 밤 꿈에 제가 고생을 하면서 살아가는 것이었습니다.

다음 날 또 똑같은 꿈을 꾸었습니다.

세 번째도 똑같은 꿈을 꾸고 얼마나 힘들었던지 꿈에서 깨어나 무릎을 꿇고 앉아 줄줄이 반성을 하였습니다.

다시는 그런 생각 꿈에도 생각하지 않고 열심히 살아가겠습니다.

다짐을 할 때 수원막결 거래난피誰怨莫結 去來難避란 법문이 생각나며 깨달아지던 것입니다.

자신의 원망은 짓지 말라 도망간다고 없어지는 것이 아니다.

풀어 나가야 한다는 깨달음을 얻으면서 힘이 들어도 세가지 목표를 세워 놓고 열심히 살아갔습니다.

첫째는 내 아이들은 어질고 착하게 키워 다른 사람에게 존경을 받는 사람으로 키워 놓을 것 둘째, 이 무거운 짐을 함께 짊어지신 시부모님께 효다운 효를 행할 수 있도록 노력할 것, 셋째는 바르게 살도록 이끌어 주신 성덕의 은혜에 보답하고자 교화중생할 것 그 세 가지 목표를 세워 놓고 때로는 제 몸과 마음이 흔들릴 때마다 이래서는 안 된다고 채찍을 하여 가면서 저의 목표를 실천하기 위하여 마음을 다진 적이 한 두 번이 아니었습니다.

어느 때인가 저 자신이 산 중턱에 서서 내려가려 해도 힘이 들고 올라가려 해도 힘이 들지만 내 목표가 저 정상이라면 그 어떠한 일이 있어도 목적지를 향해 올라가리라 생각했습니다.

너무 너무 힘들어도 바로 믿고 행한다면 못 이룰 것이 없고 아무리 어려운 난관일지라도 파고들고 노력한다면 평화지 대도라고 하셨으니 이겨내자 다짐하면서 때로는 누구에게 기대고 싶고 의지하고 싶었지만 입술을 깨물면서 견디어 내었습니다.

그래도 건강을 주시니 이렇게 할 수 있지 하며, 제 스스로를 위로하며 나 한 사람으로 노력해서 네 아이가 행복해질 수 있다면 내 뒤를 돌아다보며 후회하지 않으리라 다짐하면서 살다보니 어느새 아이들이 한 명 한 명 대학을 졸업하고 취직을 하였습니다.

제 어깨도 한결 가벼워지더군요. 이렇게 첫째 딸아이는 간호사로, 둘째 딸 아이는 유치원 선생으로, 셋째 아들은 모 회사 대리로, 넷째 아들은 체육교사로 각각 제 일자리를 찾아 잘살고 있습니다.

특히나 첫째 아이는 어질고 착하게 성장해 주어 다른 사람에게도 존경을 받는 아이로 커 주었습니다. 대덕의 은혜로 이렇게 잘 키워 주셨으니 이젠 부모님께 효행하는 것과 교화중생 활인하는 것은 저의 남은 목표인데 부족한 저 자신은 효다운 효를 못하고 있습니다. 지금 어머님과 함께 살고 있는데 하시는 일을 보면서 어떤 때에는 마음에서 성화가 올라올 때가 많습니다.

부모님은 저의 근본임을 잘 알면서도 또 자식은 열매인 줄 잘 알기에 반성하고 또 반성하여 보지만 잘 되지 않습니다. 이것이 저의 숙제인가 시험인가 생각도 하여 봅니다. 마음 밭을 옥토로 만들라 하셨는데 아직도 팔악지심이 많습니다. 자꾸자꾸 그 뿌리를 뽑아 버려서 꼭 저의 두 번째 목표에 성공할 수 있도록 노력을 다하겠습니다. 어려운 시험에 합격할 수 있는 제가 되겠습니다.

지금 돌이켜 보면 내가 성덕을 맞이하지 않았더라면 시동생 내외와도 원수 맺고 살았을 터이고 그렇게 살았다면 제 자식까지도 그 악한 마음을 심어주지 않았을까 하는 마음입니다.

제가 시동생을 미워한다고 죽은 제 남편이 돌아올리도 없는데 말입니다.

성훈의 가르침대로 인간고를 풀고 나니 시동생 내외가 저한테 잘해 주어 고맙고 가정이 화목하여 좋고 아이들을 악인이 아닌 선인으로 가르쳐서 좋습니다.

성덕이 아니었더라면 이런 인간 고애를 어떻게 풀 수 있었겠습니까?

힘들고 어렵게 살아왔지만 제가 원하는 하나하나가 이루어지는 삶을 살아왔습니다.

명절이 되면 여러 남매가 모이니 집이 작아서 큰 집을 원하였는데 그것도 자식들과 시동생 형제들 친정아버지까지 도와 주셔서 집을 리모델링하여 이층집으로 고쳐서 필요한 것 갖춰놓고 보니 이제는 남부러울 것이 없답니다.

제 주변에 그렇게도 밉고 원망스러운 사람뿐이던 것이 이제는 사방팔방을 둘러보아도 고맙고 감사한 사람들 뿐이랍니다.

팔악의 수렁에서 허우적대면서 살았을 저 자신에게 팔선의 길을 걷게 해주신 성덕의 은혜에 진심으로 감사드리며 이제 저 자신도 이 땅에 성덕의 가르침을 펼치는 그 대열에 서서 주어진 한 몫을 다할 수 있는 사람으로 살고 싶습니다.

도덕의 보람으로 인생을 살아갈 수 있는 수도 인으로 거듭날 수 있도록 더욱 열심히 자성반성하여 닦는 마음 밝은 거울이 되겠습니다.

김명자 도생의 글을 읽어보면 부처님께서 이 중생들이 사는 사바세계에 오신 뜻을 생각하게 된다.

즉 부처님이 팔정도를 가지고 중생을 다스리게 되는데 이는 정견(바른 견해), 정사유(바른 사유), 정어(바른 말), 정업(바른 행동), 정명(바른 생활), 정정진(바른 노력), 정념(바른 생각), 정정(바른 수행)으로 이는 사람이 평안으로 들어가는 방법의 도성제인 것으로 올바른 삶을 경위함이다.

법화경에 보면 팔악, 팔선이(팔정도)가 나오는데 부처님께서 위와 같이 올바른 삶을 사는 자들을 관세음보살이요. 이를 행하는 사람을 곧 부처라 했다.

사람이 만물 가운데 가장 귀하다는 것도 참 나를 찾아서 바로 보는데 있는 것이다.

물심이라면 우주의 정체는 따로 있는 것이니 자기 마음을 찾아 늘 회광반조回光返照 하는 것이 기도하는 것이다.

이런 옛 선사들의 말씀이 떠오른다.

빈둥빈둥 놀기만 하고 망상에 가득 찬 시자 승을 가르치기 위하여 그 오뉴월 염천에 한결같이 밭에서 땀을 흘리며 풀을 뽑고 있었다.

하루는 어떤 스님이 찾아와 큰 스님을 찾으시길레 큰스님께서는 풀밭에서 풀를 뽑으며 수양하십니다 했더니 이 놈 절간에 시자도 백장 청규도 어기며 밥을 쳐 먹으며 수도하는 놈이 있는가 보다 하며 혀를 찼다.

이 소리에 잘못을 깨닫고 풀을 뽑고 계시는 스님 옆에서 큰스님이 자리를 뜰 때까지 함께 잡초를 뽑았다.

큰스님 왈 자네는 여기 무엇하러 왔는가 하였더니 시자스님은 넙죽 엎드리며 하는 말이 큰스님 제가 잘못했습니다 라고 하며 그 때부터는 열심히 마음공부도 하고 계율을 지키며 망상이 일어나면 잡초를 뽑듯이 참선도 하며 성불을 했다는 속설처럼 여기 김명자 도생도 마음공부를 함에 있어서는 팔악을 멀리하고 팔선을 중시 여기는 점이나 수양하는 모습은 우리 불가에서 수도하여 닦는 마음 밝은 마음이나 일맥상통하는 점이 불교나 다름이 없다.

여기서 무량청정정방심을 지심으로 찾는 것도 심내 유불이란 말과 같다.

활!

마음 밖에서 부처를 찾는다는 것은 어리석은 일, 백 일 천 일을 기도한들 쯧 쯧 뜻.

자기 자신을 바로 찾고 다스린다는 것은 참으로 쉬운 것이 아니란 것도 잊어서는 안 될 일이다.

세 살 먹은 아이도 아는 글이라지만 모든 것은 행하기가 어려운 법이다.

가래추자 이야기

사월 초파일을 보내고 곧 얼마 안 있으면 우기 철이 다가올 것이라 안거 철을 눈앞에 두고 영주 소백산에 있는 부석사에 들렀다가 스님과 함께 사하 촌을 들렀다. 스님께서 한번 꼭 들릴 곳이 있으니 가자고 했다. 알고 보니 이 스님과 잘 아는 막역한 사이로 약초에 깊은 조예가 있고 오랜 세월동안 민간요법을 연구해 온 친구 사이였는데 소납이 동강에 사는 것과 약초에 관심이 많은 줄 알고 함께 대동한 것이다.

차를 마시는 동안 나는 많은 것을 배웠다.

의심이 나는 것은 기록도 하고 효능에 대한 상세한 질문도 하였다. 아니나 다를까 스님과 처사는 나에게 많은 관심을 가지며 동강 주변에는 다슬기가 많을 텐데…… 다슬기와 인진쑥을 잘 배합하면 간을 다스리는 아주 좋은 명약이 될 수도 있고, 동강 주변에 널려 있는 가래추자는 잘 법제하면 각종 염증과 잘만하면 암 환자도 고칠 수도 있지, 하면서 여운을……

나는 동강 주변과 제가 살고 있는 암자 계곡에도 있는 것을 보았다고 말씀을 드렸더니 그럼 올해는 그 약을 함께 담그자고 하였다.

그 길로 소납은 오늘 있었던 일이 매우 궁금하여 한방 서적을 찾아보기도 하고 인터넷을 검색하기도 했다.

검색 결과는 너무나도 광범위하였다.

가래나무는 추목楸木 또는 추자목이라고 하며 열매는 추자라 부른다. 쌍떡잎식물로 낙엽활엽수이며 교목이다. 중국명은 추목 또는 핵도추라하며 열매를 산핵도라 하며 호도를 핵도라 한 것과 구별이 된다. 일본에서는 길한 나무라 하며 정월 14일에 농기구를 만들어 풍년을 기원하기도 한다고 한다.

나무가 뒤틀리지 않아 가구재나 총의 개머리판으로 만들기도 한다. 습한 계곡에 잘 자라며 옛 스님들은 추자를 매끄럽게 갈아서 굵은 것은 단주로 작은 것은 염주를 만들었고 시골에서는 가래탕을 만들어 놓고 덜 여문 추자를 갈아서 물고기를 잡기도하였다.

더욱 놀라운 것은 민간약 처방으로 간염, 위염, 장염, 급성결막염, 십이지궤양염, 종창, 옹종, 단독, 경련성복통, 광견병, 이질, 해열, 각종 항암작용, 기관지, 천식 그야말로 잘 법제만 한다면 만병통치약이다. 경이롭기까지 하다.

요즘은 가래나무에서 각종 질병치료제 및 보조제료인 갈로탄닌

화합물을 추출하여 의약품으로 널리 이용되고 있다는 점이다. 나는 놀라지 않을 수가 없었다. 차근차근 하나하나 기록을 하여 이 보배로움을 더욱 연구하여 중생을 이롭게 하고자 함이었다.

가래추자를 법제할 그날을 기다렸다. 나는 스님을 모시로 영주 부석에 갔다 스님께서는 몸이 불편하고 거동이 어려우니 사하촌 거사님을 모시고 가라고 했다.

그분이 나에게 가르쳐 준 것이니, 그분을 모시고 가면 스님께 아주 잘 가르쳐 줄 것이네. 예, 명심하겠습니다.

거사님을 모시고 암자로 와서 여장을 풀고 많은 덕담을 나누어 보니 한방에는 일가견을 가지고 계신 명의 선생님이셨다.

점심 공양을 한 후 가래추자를 따서 잘 씻어 그늘에서 물기를 말린 후 정성스레 잘 법제를 하였다. 이렇게 법제를 한 후 백 일이 경과 하면 약재로서 거듭나니 빨리 환자에게 치유하고픈 생각이 들었다.

여름이 가고 이른 가을이 왔다. 농촌 들녘에서는 추수하느라 바쁘기가 그지없다. 암자에도 겨울을 나자면 나무를 해야 했다. 아랫마을에 대우가 있는 세렉스 차를 빌리려 갔다 구멍가게에 들려 누가 이 마을에 그 차가 있는지 알아보려고 갔다가 우연히 정처사를 보았다.

그는 술에 취해서 나무 그늘에서 잠을 자고 있었다. 다들 바쁜 일손에서 눈코 뜰 새 없이 바쁜데, 의아했다. 늘 일만하고 게으름을 피우는 사람이 아닌 줄 알고 있었다. 구멍가게 아주머니에게 저 사람 왜 저모양이냐고 그것도 백주 대낮에…… 아줌마가 내게 귓속말로 소근거린다. 췌장암 말기라고 그래서 인생을 자포자기하고 날이면 날마다 저렇게 술타령이란다. 놀라지 않을 수 없었다.

그날 저녁 나는 가래추자 약을 들고 정처사를 찾아갔다. 정처사님 집안 형편이 어렵고 정 병원 가실 의향이 없으시다면 이 가래추자약을 한번 드셔보세요. 하루에 잠드시기 전에 한잔만 한 열흘만 잡사 보세요. 하면서 나는 그를 달래었다.

몇 날이 지나고 바쁜 와중에서 한 보름이 지났다. 저녁 예불을 드리고 방에서 책을 보고 있었는데 인기척이 있어 방문을 열었더니 정처사가 마당에서 넙죽 절을 하시는 게 아닌가! 나는 무슨 영문인지 몰라 쳐다보고만 있었는데 무엇을 들었는지 보따리를 들고 방으로 들어 와 자세히 이야기를 좀 하라고 했더니 "스님 저를 살려 주어서 너무 고맙습니다." "뭐라고요?" 원주 기독교 병원에 어제 가서 재검진을 하였는데 암 덩어리가 없어졌다는 것이다.

병원에서도 대체 무슨 약을 먹었기에 이럴 수가?

나는 놀라지 않을 수가 없었다.

"스님이 저를 살렸습니다. 스님 이거 받으십시오!" 자세히 보니 무슨 문서였다.

"이 사람이 나를 무엇으로 보는 거요! 당장 집어치우시오. 내가 의사요. 뭐요!"

"아이 그게 아니고요."

"정처사……! 나는 중이요. 정 그렇다면 부처님 법당에 예를 갖추고 절이나 하소."

아니나 다를까 법당에 가보니 수표가 놓여 있었다.

나는 정씨를 불렀다.

"지금 뭐 하는 거요. 내 이 짓 하자고 중이 된 것 아니요. 당장 이 수표 가지고 집에 가시요."

한바탕 소리치고 나무랐더니 "스님 제 성의도 좀 받아 주시오." 하시 길래, 나는 정 그러시다면 등 값 정도만 보시하라고 했다. 다시 내 방에 들어와 차를 마시며 담소를 나눴다. 가래추자 이야기로 밤을 새웠다.

정씨가 집으로 간 다음 나는 환희장마니 보살처럼 아니 내가 약사 관음보살이 된 것처럼 마음속에서 희열이 맴돌았다. 아니 참으로 기뻤다. 가래추자 약을 임상실험이라 할까 연 띠가 맞아서 그럴까? 이 보다 좋을 수가 없었다. 이 일이 있은 후 정 처사는 암자에 무슨 행사를 하면 행사 일을, 겨울이 다가오면 차를 몰고 와서 나무를 해 주시는 등, 자기 집안일처럼 도와주시고 수시로 절간에 올라와서 모든 잡다한 일을 도와주시니 참으로 나와는 기이한 인연이 되었다.

그는 오늘도 절에 무슨 일이 없을까 노심초사하는 마음이 역력하다.

4

당신은 부처님

당신은 부처님

당신은 부처님이란?

즉, 인불사상이다.

불성을 가진 사람이면 누구 부처님이라는 뜻이다.

이 말은 법화경에 나오는 상불경 보살품으로 법화경은 실상이다는 주제다.

즉 있는 그대로이다 두두물물 부처 아닌 것이 없다는 것으로 크게는 인불 사상을 의미한다.

법화경 실상의 입장에서 보면 우리가 육취 속에 살고 있는 고통의 현실을 환희 세계로 바꾸고 제도하는데 실상이 장엄하다는 점이다.

이 세상 모두가 하나도 가볍게 창조 되어 있지 않고 정성스럽고 신묘하게 이루어져 있으며 깊은 의미로 구족되어 있다. 또한 우리 인생도 전부가 세상과 같이 깊은 의미와 신비로움으로 이루어진 존재다.

그러므로, 우리는 우주를 가볍게 보지 말고 인생 모든 사람을 가볍게 보지 말며 자기 자신을 볼 때도 잘못 보고 나는 불행하고 희망이 없는 사람으로 과소평가하지 말라는 인불사상의 큰 뜻이다.

삼라만상, 우주, 그리고 인간은 훌륭한 환희와 보람의 존재인데 잘 못보고 함부로 가벼이 대하는 것은 세상을 보는 지혜의 안목이 잘못 되어 있기 때문이다.

우리는 흔히 상대방을 볼 때도 모양 있냐, 없는 놈이냐 겉만 보고 평가하지 말고 깊은 곳에 숨어 있는 본연의 생명체를 보려고 노력을 해야 할 것이며, 각각 지니고 있는 장점을 인정해 주는 것이 필요하다.

흔히들 지혜 없이 살다가 잘못되면 세상을 원망하는데 세상은 잘못이 없고 모든 것은 자기 탓이라는 걸 깨달아야 되는 것이다.

자기를 형편없는 존재라고 생각하기에 늘 혼돈이 온다.

그 혼돈은 남에게도 피해를 주는 결과가 되므로 지혜가 있는 사람이 되려면 매사를 소중히 여기는 마음이 절대 필요한 것이다.

지금까지 원만히 살던 사람도 한 순간을 실수함으로써 평생을 불행하게 사는 사람이 얼마나 많은가!

지금에 중국을 번영의 길로 인도한 덩샤오핑에게 어떤 서양 사람이 그이에게 철학을 묻자 덩샤오핑이 대답하길 처변불경處變不經

처변불경處變不經이라는 이 두 마디를 이야기했다고 한다.

첫 번째 뜻은 세상을 살아가는데 어떤 고난이 오더라도 가볍게 대처하지 말 것이며 둘째는 어떠한 고난 속에서도 놀라거나 두려워하지 않고 지혜의 마음으로 풀어나가겠다는 의지를 말함인데, 우리가 일상을 생활하면서 어떤 곤경에 처 했을 때 이 내용을 가슴에 새겨 볼 일이다.

세상을 보라! 늘 고요하다 태풍이라는 바람이 번개와 폭우를 동반하여 우리에게 고통을 주며 깨닫게 하는 것이 위음왕의 세계이며, 그 세상은 모든 절망, 좌절, 불행이 있을 수 없고 국명은 대성이다.

그러므로 온 세상이 큰 행복으로 이루어져 모든 사람들이 부족함이 없이 잘 사는 모습을 이야기한 것이다. 그 부처님 세상은 항상 수준이 낮은 성문에게는 사체법(고, 집, 멸, 도)을 설하고 연각에게는(벽지보살) 십이인연법(무명, 행, 식, 명색, 육처, 촉, 수, 애, 취, 유, 생, 노사)을 설하고 보살에게는 육바라밀을(보시, 지계, 인욕, 정진, 선정, 지혜) 설하여 부처의 정각에 이르게 한다.

위음왕 여래의 수명은 사십만 억 나유타 항하사 겁이란 이 말은 사는 사방에 걸림이 없다는 이야기인데 이는 우리가 사는 사농공상의 인의예지의 네 가지가 어렵지 않고 자유자재하게 펼쳐짐을 의미한다.

이것이 부처님께서 설한 상불경인데 즉, 우리의 한 행동 한 과

정이 진리를 성취하려는 마음을 가지고 노력해야 할 것이며 매사에 세상 모두를 가볍게 보지 말고, 말 한마디 한 생각 한 동작이라도 소홀히 하지 않으며 매일매일 자기를 돌아보는 참 사람이기를 다짐하며, 우리는 처음부터 지혜가 완성이 안 되어 있고 살아가면서 열심히 노력하면 지혜가 늘어나는데 지혜가 완성이 안 되어 있으면서 자기 의견을 주장하면 업을 짓는 결과가 된다. 따라서 열심히 정진하되 부족한 상태에서 자기를 크게 주장하며 자기의 설익은 지혜가 옳다고 강조하지 말고 천금 같은 마음으로 열심히 정진하여 뜻이 성취되고 자신이 있을 때 주장하는 마음을 심고 내가 알고 있는 내용이 바른 지혜인지, 그릇된 논리인지를 항상 살피면서 정진하면 기어코 자신의 꿈이 자신의 부처가 이루어 질 것이다.

법화경으로 본 인불사상

훌륭한 지혜를 갖춘 참다운 성자인가, 아닌가 하는 문제는 세상의 온갖 유형무형인 존재의 실상에 대한 바른 견해를 가지고 있는가. 그렇지 못한가 하는 것으로 판단할 수가 있다. 특히 그중에서도 사람에 대한 깊은 이해와 올바른 견해를 가지고 있어야 훌륭한 지혜를 갖춘 참 다운 성인이라고 말할 수 있을 것이다.

우리가 석가세존을 성인 중의 성인이라고 하는 이유는 바로 사람에 대한 바른 견해를 가지고 있기 때문이다.

왕자의 직위를 버리고 출가수행을 결심하신 것도 인간 존재에 대한 바른 이해를 위해서이다. 결국 6년의 수행 끝에 정각을 성취 하였다고 하는 사실도 실은 인간존재의 실상을 꿰뚫어 보았다는 뜻으로 해석할 수 있다.

그리고 49년 동안 부처님께서 깨달으신 인간 존재의 실상을 많은 사람에게 널리 알리기 위해서 전법의 세월을 보내셨다.

그 전법의 세월을 보내면서 가르친 내용을 우리는 이름하여 팔만대장경이라고 한다.

그렇다면 팔만대장경의 내용은 무엇인가 궁금해진다.

한마디로 유정물, 무정물의 대한 실상을 설하여 그 존재의 실상에 맞춰서 우리 인간이 사는 길을 제시하였다고 할 수 있다.

그 많고 많은 진리를 설명하고 사람들은 그 진리에 맞게 살아야 사람으로 태어난 보람을 한껏 누리며 행복하고 평안하게 살 수 있다고 가르친 내용이라고 정리할 수 있을 것이다.

무수한 가르침 중에서 그 근본 취지만을 가려서 살펴본다면 부처님의 몇 가지 경전과 후대에 깨달음을 크게 이루신 몇 분의 조사님들의 가르침만으로도 충분히 이해할 수 있을 것으로 믿는다.

먼저 "법화경"은 세존께서 열반을 앞두고 마지막으로 가슴에 묻어 두었던 최후의 말씀이라는데 의미가 있기 때문에 반듯이 살펴보아야 한다.

특히 법화경 방편품에는 여래가 이 땅에 오신 취지를 스스로 밝힌 내용은 우리 불교를 이해하는데 매우 중요한 대목이 된다.

"부처님은 오직 하나의 큰 인연으로 이 세상에 출현하느니라. 사리불이여, 무엇을 가지고 '부처님은 오직하나의 큰일 인연으로 세상에 출현한다.' 하는가? 부처님은 중생들로 하여금 부처님의 지견을 열어서 청정하기 위하여 세상에 출현하며, 중생들에게 부처님의 지견을 보여주기 위하여 세상에 출현하며, 중생들로 하여금 지견을 깨닫게 하기 위하여 세상에 출현하며, 중생들로 하여금 부처님의 지견의 길에 들어가게 하기 위하여, 세상에 출현 하느니라. 사리불이여, 이것은 모든 부처님이 하나의 큰일 인연을 위하여서 세상에 출현한 것이라 하느니라." 라고 하였다.

경전에서 오직 부처님의 지견을 사람들에게 열어주고 보여주고 깨닫게 해주고 들어가게 해주기 위해서 이 세상에 출현하였다는 그 부처님의 지견이란 정견이며 깨달음의 지혜다. 그 지견으로 모든 존재의 실상을 바로 보고 자신의 실상을 바로 볼 수 있기 때문이다.

그렇다면, 깨달음의 지혜에 의하여 인간의 실상을 바로 본다는 것은 무엇을 의미하는가?

사람이 부처라는 뜻이다.

곧 자신이 곧(당신이) 부처라는 뜻이다.

혹, 뭍사람의 잘못 알고 그 사람은 죄업이 많고 번뇌 망상이 가득한 못난 중생이라거나, 또는 하나님의 종의 자식이라거나, 아주 몹쓸 짓만 하고 다니는 무가치한 존재라 하지만 그것은 삿된 견해며, 전도된 견해며, 캄캄한 눈을 가진 사람이다. 마치 맹인이 태양이 밝게 비추는데도 자신의 눈이 어두운 것을 탓하지 않고 태양이 없다고 우기는 경우와 똑같다. 사람을 부처님으로 보고 하나님으로 보아서 부처님으로 하나님으로 받들어 섬기며 존중하고 찬탄할 줄 아는 사람은 지혜를 갖춘 참다운 성인이다.

이렇게 법화경은 28품(69584자)으로 나누어 각 품마다 특색을 가지고 있고,

나는 길이요.

나는 진리요.

나는 생명이요.

나는 호흡이다는 인간의 실상을 말하고 있다.

그렇다면, 역대 조사님 들의 인불사상을 들추어 보기로 하자.

첫째로 달마(?~528) 스님은 역대 그 어느 스님보다 유명하다. 스님은 인도 향지국의 셋째 왕자로서 서기 527년에 중국 양나라로 건너와서 중국 선불교의 초조가 되면서 불교를 완성 단계로 이끌어 올린 사람이다.

그가 중국 광주에 오자 광주 자사 소양이 주인의 예를 갖추어 영접하고 나서 표를 올려 양나라 무제에게 알렸다.

양무제가 그 보고를 받고 사신을 보내어 조서를 가지고 달마대사를 맞이하였으며, 지금의 금릉에 도착하였다.

양무제가 물었다.

"짐이 왕 위에 오른 이후로 사찰을 많이 짓고, 경전을 쓰고 승려들을 많이 배출한 일이 가히 다 기록할 수 없을 정도로 많은데 그럼 짐은 무슨 공덕이 있습니까?"

달마대사가 말하였다.

"아무런 공덕이 없습니다."

"어찌하여 아무런 공덕이 없습니까?"

"이러한 것은 다만 인간으로나 천상에 태어날 수 있는 작은 과보이며 모두가 빠져나가 버리는 원인일 뿐입니다. 마치 그림자가 형체를 따르는 것과 같아서 비록 잠깐 있으나 실다운 것이 아닙니다."

"그렇다면 어떤 것이 참다운 공덕입니까?"

"청정한 지혜는 미묘하고 원만하여 그 자체가 스스로 공적하니 이와 같은 공덕은 세상의 일로는 구할 수 없습니다."

양무제가 또 물었다.

"어떤 것이 성스러운 진리로서 제일가는 도리입니까?"

달마대사가 말하였다.

"넓고 텅 비어 성스러움이란 없습니다."

"짐을 마주하고 있는 사람은 누구입니까?"

"모릅니다."

양무제가 그 뜻을 알지 못하였다.

달마대사가 갈대 잎 하나로 장강을 건너 위나라에 이르러 지금에 숭산 소림사에 머무르면서 얼굴은 벽을 향해 앉아 종일토록 침묵하였다. 사람들이 그를 알지 못하고 "벽만 보고 있는 바라문"이라고 하였다.

금릉에서 양무제와의 그 역사적 만남은 불행인가? 다행인가? 아무튼, 유명한 대화를 남겨 오늘날까지 선불교 사상의 핵심을 이루고 있다. 즉 "여러 가지의 불사를 하여 큰 복을 지었는데 그것이 어떤 공덕이 되는가?" 라는 질문에 "아무런 공덕이 없습니다." 라는 것이었다.

이 한마디가 천하 사람들의 눈을 열어주는 지침이 되었으며 올바른 불교 공부의 기준이 되었다.

만약 이 한마디 말이 없었다면 불교도들은 지금까지 자기와는 상관없는 밖을 향하여 부단히 찾고 있었을 것이다.

오늘날 이것을 심외무불이라 하지 않는가?

즉 자기 마음 안에 부처를 모른 것이다.

그렇다면 진정한 공덕은 어디에 있으며 무엇이 성불의 바른 길인가? 달마대사는 "양무제가 그동안 해온 불사로서는 한낱 천상이나 인간으로 태어날 수 있는 과보에 불과하다. 무한한 생명과 무한한 광명의 해탈과 진여 열반과는 거리가 십만 팔천 리." 라고 한 것이다.

그래서 "청정한 지혜는 미묘하고 원만하여 그 자체가 스스로 공적하니 이와 같은 공덕은 세상의 일로는 구할 수 없습니다."라고 하였다.

즉, 사람이 본래 갖추고 있는 그 본성의 공덕과 청정한 지혜는 세상의 일이나 인위적인 수행으로 얻어지는 것이 아니라 이미 갖추고 있어서 누가 가져갈 수도 없으며 새롭게 다듬거나 장엄하거나 닦을 것이 아닌 그 사실을 아는 것 뿐이다.

이와 같이 모든 사람들은 본래부터 이미 해탈이 되어 있고 본래부터 부처가 되어 있다.

한량없는 복덕과 한량없는 신통을 다 갖추고 있어서 더할 것이 없는 그대로 완전무결한 존재라는 뜻을 설파한 것이다.

인간이 본래로 그렇게 위대한 존재거늘 하물며 양무제가 다시 물은 "성스러운 진리로서 제일가는 도리"가 따로 있을 까닭이 있겠는가, 역사적 만남에서 두 사람의 대화는 자꾸 어긋나기만 한다. 그러나 그 어긋난 대화가 다행하게도 먼 후대에까지 불교를 바로 가르치고 수행을 바로 하게 하는 거울이 되고, 지침이 되어 바른 견해를 세울 수 있었던 것이다.

황벽스님은 자신의 저서 "완능록"에서 달마대사가 인도에서 중국으로 오신 이유를 "오직 한마음의 이치를 전하여 일체중생이 본래로 부처님이라는 사실을 바로 가리키기 위해서라고 하며, 중생이 부처가 되는 데는 어떤 수행도 필요치 않다는 사실과, 다만 지금 자신의 마음을 바로 알아 자신의 성품을 볼 것이며, 달리 다른 곳에서 부처를 구하거나 찾지를 마라." 라는 가르침을 남기기 위해서 라고 정리를 하였다. 다시 간추리면, 사람이 부처님인데 "당신이 부처님인데" 라는 인불사상을 가리키고 있다.

둘째로 성철스님의 인불사상을 보자.

성철스님은(1912~1993) 근 · 현대사의 대표 선사이시다.

스님께서는 영어, 일어, 한문, 중국어를 능숙하게 하시며 피나는 좌선과 아울러 역사상 책을 가장 많이 읽은 선지식이다. 팔만대장경, 조사어록, 불교전서, 나카무라의 불교론, 온갖 물리학, 노장학, 공맹학, 심령과학서, 프로이드의 심리학, 아인슈타인의 상대성이론, 서양 철학자, 아리스토텔레스, 플라톤, 칸트, 니체, 사상가들의 책이란 책은 다 읽은 국민선사란 별명이 수식되었다.

그러므로 이 시대에서는 불교를 가장 잘 아는 분이다. 특히 남들은 어렵다는 철학과 인생학, 심리학, 물리학 등을 가장 잘 아시는 분이기도 하다.

스님은 1986년 부처님 오신 날 봉축법어에서 이와 같이 말씀을 하셨다.

"천지는 한 뿌리"라는 제목의 법어였다.

"교도소에서 살아가는 거룩한 부처님들,
오늘은 당신네의 생신이니 축하합니다.
술집에서 웃음 파는 엄숙한 부처님들,
오늘은 당신네의 생신이니 축하합니다.
밤하늘에 반짝이는 수없는 부처님들,
오늘은 당신네의 생신이니 축하합니다.
꽃밭에서 활짝 웃는 아름다운 부처님들,
오늘은 당신네의 생신이니 축하합니다.

구름이 되어 동동 떠 있는 변화무상한 부처님들,
오늘은 당신네의 생신이니 축하합니다.
물속에서 헤엄치는 귀여운 부처님들,
허공을 훨훨 나는 활발한 부처님들,
교회에서 찬송하는 경건한 부처님들,
법당에서 염불하는 청수한 부처님들,
오늘은 당신네의 생신이니 축하합니다.
넓고 넓은 들판에서 흙을 파는 부처님들,
우렁찬 공장에서 땀 흘리는 부처님들,
멀고도 먼 길을 오고 가는 부처님들,
오늘은 당신네의 생신이니 축하합니다.
눈을 떠도 부처님 눈을 감아도 부처님!
광활한 이 우주에 부처님을 피하려 하여도
피할 곳이 없으니
상하 사방을 두루두루 절하며
당신네의 생신이니 축하합니다.
천지는 한 뿌리요, 만물은 한 몸이라
일체가 부처님이요. 부처님이 일체이니
모두가 평등하며 낱낱이 장엄합니다.
이러한 부처님의 세계는 모든 고뇌를 초월하여
지극한 행복을 누리며

곳곳이 불가사의한 해탈도량이니
신기하고도 신기합니다.
입은 옷은 각각 달라 천차만별이지만
변함없는 부처님의 모습은 한결같습니다.
자비의 미소를 항상 머금고 천둥보다 더 큰소리로
끊임없이 설법하시며
우주에 꽉 차 계시는 모든 부처님들,
나날이 좋을시고,
당신네의 생신이니 영원에서 영원이 다하도록
서로 존중하며 서로를 축하합시다."

이 세상에서 불교를 가장 잘 아는 국민선사 성철스님이 부처님 오신 날의 봉축법어를 이와 같이 하신 것은 부처님이 이 세상에 오신 의미를 한마디로 요약하면 "모든 당신은 부처님"이라고 정의할 수 있다는 뜻이리라.

부처님은 "당신은 부처님"이라는 사실을 깨닫기 위해서 출가를 하셨고 "당신은 부처"라는 사실을 널리 전하기 위해서 49년 간이나 설법하셨다.

그리고 그 후 모든 조사스님들도 한결같이 "당신은 부처님"이라는 사실을 깨달았으며, 또한 모두가 "당신은 부처님"이라는 가르침을 널리 펼치면서 사는 것이 인생을 가장 값지고 보람 있는 삶이라고 생각하였던 것이리라.

거듭 말하자면 부처님과 역대 조사님들은 인불사상을 이 세상에 펼치기 위해서 이 땅에 오신 것이다.

불교 공부를 제대로 하신 분이라면 당연한 결론이라고 할 수 있다. 그러므로 우리는 "당신이 부처님"이라는 염불을 열심히 하면서 깊은 사유와 명상으로 자신의 인격이 되고 삶이 되게 해야 할 것이다.

봄

생각만 하여도 상기 된다.

겨우내 얼었던 동강과 산하대지가 풀린다.

웅크렸던 산천초목이 기지개를 켜고 일어서는 것만 같다.

봄비가 내린다. 강상에는 안개가 허리띠를 감으며 산 위를 감돈다!

그 위에 왜가리가 청송을 벗하며 곱디고운 자태를 뽐낸다.

다함이 없는 위대한 풍광이요. 자연의 실상이 아닌가!

이 오묘한 자연 앞에 내 어찌 예배를 하지 않으랴!

맑은 바람이 불어 상쾌하다 주야로 쉬지 않는 강물이 있어 마음이 즐거워진다.

여기에 내 어찌 시가 없으랴!

세상사 모든 시름 동강에 흘러 보냈다.
인간사 모든 영욕 풀끝에 이슬인 걸
내 어찌 무위자연을 멀리할 수 있으랴.

내 허물 벗으려고 세심 전 벗을 삼아
사색의 진리 찾아 칩거생활 십수 년에
고요 속 마음을 놓아 마음 거울 들여다 본다.

이것과 저것들이 난무하는 요즘 세상
탐욕의 이익 좇아 자기분신 망각하고
스스로 욕되게 하는 이 마음을 어이할꼬.

이 몸이 무상한 줄 세월에 물었더니
세월은 오가지도 않았다 하는 변증
사대는 쉴 틈도 없이 변한다고 말한다.

이렇듯 나와 자연은 하나이다. 봄풀이 실개천에서 초록 눈을 싹 틔운다. 송사리들이 봄나들이 가는 길 멀리 석양천에 저녁 연기가 하루의 일상을 알린다.

고요는 어두움을 싣고 뒷동산에 둥근 달이 초당을 배회하며 대자연의 사고무침을 억년 빛으로 그 존재를 뿌린다.

청매

산이 다하고 물이 다한 곳에
청매는 푸르고 꽃이 피었다

부모가 아이를 낳으면 아이들은 자라서 선남선녀가 되어 부모님과 똑같은 전철을 밟게 된다. 부모 밑에서 학생으로 있을 때는 아무런 생각과 걱정이 없었는데, 학교를 마치고 직장을 가지고 이성의 눈을 뜨니 아버지 흉내를 내고 싶어서 장가를 가고 싶어 한다. 어머니 흉내를 내고 싶어서 시집을 가고 싶어 한다.

이렇게 해서 장가를 가고 시집을 가서 가정을 이루어 놓으니 돈이면 많은 돈, 학교 교육이면 인류 대학, 옷이면 멋쟁이 옷, 먹는 것이면 맛있는 것 요즘 같은 세상이면 부모는 아주 주눅이 든다.

이 오만 걱정에 산다. 사람이 아니면 물질, 물질이 아니면 사람,

이 두 가지 사슬에 묶여 밤낮으로 걱정이다.

그래서 나는 말하려 한다. 이 두 가지를 초월해서 사바세계를 무대로 멋들어지게 연극을 잘하고 늘 쾌활하고 명랑하고 낙관적으로 걸림없이 살라고 이르고 싶다.

"산이 다하고 물이 다한 곳에"란?

처녀의 몸으로 있을 때에는 걱정 근심 아무런 걱정이 없었는데 결혼이란 가정의 사슬을 의미하는 것이다.

"청매는 푸르고 꽃이 피었다."란

결혼이란 사슬에서 마음을 느긋하게 먹고, 모든 일에 구미가 당기면 늘어지고 어지러 놓으면 일이 오므라지는 신축성을 가지고 마음을 쓰게 하는 폭을 넓게 하고 남에게 관대하게 포용하고 물질과 사람에게는 초월한 정신을 가지고 멋들어지게 살라고 하는 말이다.

부모 태중에서 나올 때 영감을 업고 나왔나 마누라를 안고 나왔나 자식을 안고 나왔나 빈 몸 빈손으로 나왔는데 이것에 애착이 붙어서 놓으려 해도 놓을 수 없고 밤낮 없이 걱정만 한다. 이런 집착 망상 다 버리고 진정한 어려움이 있으면 본연의 천진면목인 본래면목(부모미생전父母未生前) 그 망상 번뇌가 없는 경지에 가서 생각하면 올바른 생각이 드는 것이다.

그러니 현실을 실상 그대로 여기긴 여겨도, 너무 집착하지 말고 초연히 생각하고 초월한 정신으로 모든 사물을 달관하여 자비롭게 멋지게 살아라는 뜻이다. 이것이 실상의 참 뜻이다.

산과 강은 왜 푸른가?

우리가 살고 있는 지구는 다양한 미네랄로 덮여 있으며 대기권까지 그 에너지를 형성한다.

땅 즉, 표층은 각종 미네랄이 녹여져 있다.

이 미네랄 속에는 질소, 인산, 칼리, 탄산, 칼슘, 나트륨, 우라늄, 망간, 구리, 규질, 석회석, 아연, 철 등 헤아릴 수 없는 많은 광물질 요소로 형성되어 있는 것이 단층의 구조이다.

이 단층의 구조는 이암(진흙이 굳어진 암석), 사암(모래가 굳어진 암석) 역암(자갈이 굳어서 된 암석)으로 이루어져 있으며 이는 오랜 세월을 지나면서 풍화작용으로 퇴적을 형성한다.

여기서 부서져 만들어진 쇄설성 퇴적암, 생물의 유해로서 이루어진 유기적 퇴적암, 물에 녹아 있는 물질이 침전되어 만들어진 화학적 퇴적암, 집괴암은 화산탄으로 구성된 것이고 응회암은 화산 폭발로 화산재나 화산 먼지로 구성되면서 지층과 표층으로 형성이 된다.

전자에서 이러하듯 후자는 대기권 공기 속에서 공기 중에 녹아져 있는 각종 미네랄의 기체(공기)는 질소, 산소, 아르곤, 수증기 등이고 바람, 비, 구름 등의 기상 현상은 대기권에서만 일어난다.

이것은 안개, 구름, 비, 우박, 서리 등으로 온도나 계절에 따라서 다양한 모습으로 비나 폭우, 폭설 등으로 지표면에 녹아 떨어집니다.

이렇듯이 이것을 지상과 지표면의 미네랄이란 각종 영양소가 되는 것이다.

그런데, 지구는 태양계에서 생명체가 존재하는 유일한 행성으로 수많은 생물이 살고 있으며 이들은 서로 연친 관계로 살아갑니다.

그리고 이 생태계는 식물 동물로 나누어지며 생산자, 소비자, 분해자로 물, 공기, 토양과 같은 환경으로 이루어져 있음을 알 수 있다. 여기서 생태계중 소비자란 녹색 식물로부터 영양분을 얻어먹고 살아가는 생물을 소비자라고 한다. 그 예로 초식동물과 식물성 플랑크톤 등 다양하다.

또한 생물은 살아가면서 많은 배설물을 내보내고 수명이 다하면 죽게 되는데 생물의 배설물이나 죽은 생물은 이때 분해되는데, 이 일을 분해자가 한다. 그 예로(세균, 곰팡이, 버섯, 지렁이, 미생물) 등이 있다.

여기서 산은 왜 푸른가?

풍화작용으로 인한 각종 미네랄을 일정한 온도가 주어지면 식물들은 뿌리로부터 흡수하여 광합성 작용으로 그 영양분 즉, 미네랄을 섭취해서 엽록소에 저장함으로써 나타나는 현상으로 삼라만상이 푸른 것이다.

다시 설명하면 봄에는 엽록소의 저장이 약하므로 연초록색을 띠다가 무더운 여름에는 왕성한 미네랄 섭취로 인해서 푸른 잎들이 무성하다가 가을이 되면 차차 기온이 떨어지면서, 광합성 작용을 하지 못하여 잎은 황달지고 새 입과 꽃을 피울 준비를 하고 나서 낙엽을 떨구는 순리를 밟는 것이다.

이것이 삼라만상이 푸른 이치인 것이다.

그렇다면 하천, 강 바다는 왜 푸른가?

이 또한 땅의 지표면에 녹아 있는 각종 영양소(미네랄) 공기 중에서 수증기 비, 눈, 우박, 서리 등으로 변화하여 지층을 수분하여 물로서 하천, 내, 호수, 강, 바다를 이루면서 그 미네랄이 녹아 모여서 푸른빛을 내는 것이고 염화나트륨 염화마그네슘, 황산마그네슘, 황산칼슘, 황산칼륨 등의 미네랄이 많이 녹아져 있기 때문에 바닷물은 짠 것이다.

여기서, 우리 인간은 지장, 화장, 수장, 풍장을 통하여서 윤회하는 것이므로 세상은 살아 있는 생명체라는 것을 알아야 한다.

이 세상에 존재하는 삼라만상의 산천초목은 엄연한 생명체이다.

이것이 부처님의 최고의 가르침인 일승사상의 근본이기도 하다.

또한 이것을 불이 사상이라고도 한다.

왜냐하면 우리는 삼라만상을 떠나서는 살수가 없기 때문이다.

한 줌의 흙(지), 물(수), 바람(화), 공기(풍)는 우리 인간의 사대 원소인 구성원이기 때문이다.

그러기에 우리는 흔히들 시간이 흐른다고 한다.

그러나 시간은 절대로 흐르는 것이 아니다.

사람으로 태어나서 젊어지고 늙어지고 하는 것이 세월과 시간 때문에 인생이 늙는다고는 하지만 몸이 변화는 속성의 한 물질이기(지, 수, 화, 풍) 때문에 시간과 관계없이 변하는 것이다. 그리하여 우리는 인생을 소우주라고 한다.

이에 죽음이란? 대우주로 되돌아감을 의미한다.

즉, 본래 온 곳의 속성 물 에너지로 돌아간다는 뜻이다.

아리랑과 화랑세속 오계

어느 날 TV 뉴스에서 흘러나오는 말을 접하면서 나는 화들짝 놀라지 않을 수 없었다.

뉴스 앵커가 하는 말, 중국이 아리랑노래를 유네스코에 등재한다는 기사 보도였다.

며칠 후 끝내는 중국이 '연변 조선족 자치주의' 아리랑이 무형문화유산재로 등재한 사실을 인터넷으로 알았다.

뒤늦게야 소 잃고 외양간 고치듯 네티즌 사이에 난리법석들이다.

문화관광부는 뭐하는 놈들이냐고 욕지거리이다.

소납이 본 아리랑의 어원은 먼저 삼한 시대로 올라갑니다.

삼한은 마한, 변한, 진한으로 여기서 한강 이남으로, 마한은 백제, 변한은 가야, 진한은 신라로서 국가의 기틀을 다지고 있었는데 여러 부족 국가 가운데 지금의 경주, 안강 평야에 있던, 사로

국에서 시작하여, 박, 석, 김 3성이 교대로 왕위를 차지하면서 신라국가로 형성하였다.

내물왕시대에 골품제도가 생기면서 왕권이 더욱 더 강화되고(성골 · 진골) 지증왕 때 마립간에서 왕으로 바꾸었고 국호를 신라라 하고 법흥왕 때 불교를 받아들여, 진평왕 원년에 자장율사가 화랑세속오계를 화랑도에 접목시켜 국가적인 군사력 조직을 만들면서 삼국통일의 기반을 구축하였다.

여기서 국호가 신라란 점은, 새로울 신新 벌릴 라羅이다.

즉, 새롭게 나라를 벌린다는 점이다.

그렇다면 어떻게 해서 나라를 즉, 고구려 백제를 쳐부수고 통일을 하느냐 하는 해석이 따른다.

앞서 말한바와 같이 화랑세속오계이다.

진평왕 원년 원광 스님은 그 당시 최고 고승으로서 왕사이다.

새로운 국호를 바탕으로 삼국을 통일을 하는데 있어서 상당한 정신적인 지주이었다.

그는 삼국을 통일할 염원을 두고 화랑도란 조직을 만들고 국가적 차원에서 화랑을 대상으로 세속오계를 내린다.

사군이충(事君以忠 : 성으로서 임금을 섬긴다)

사친이효(事親以孝 : 효도로서 어버이를 섬긴다)

교우이신(交友以信 : 믿음으로서 친구를 사귄다)

임전무퇴(臨戰無退 : 싸움에 임해서는 물러서지 않는다)

살생유택(殺生有擇 : 살생함에 있어서는 가려서 한다)

이렇듯 이들은 수려한 산이나 강을 찾아 단체생활을 하면서 심신단련과 상무정신 그리고 정서교육을 바탕으로 지금으로 말하면 육군사관생도로 보면 흡사할 것이다.

이로 인해 화랑정신은 삼국을 통일하는데 과업을 완수하는 기틀을 다졌고 그들이 닦은 무술은 호국무예로서 신라천년이란 긴 세월을 신라의 황국 이름으로 지속 시켰으며 나아가 세계에서 유일한 신라천년의 역사를 가진 나라로 번성하게 되었다.

여기서 삼국을 통일하기까지 화랑세속오계는 면밀히 분석하면 즉, 군주, 왕, 주인에게는 충성을 다한다는 뜻인데 이는 원융무애 사상을 엿볼 수 있다.

이 원융무애 사상에서 아리랑의 본질을 보자.

당시 신라는 한자에다 뜻과 음을 빌려 이두 식 향가를 기사한 기록이 있는데 향가 25수가 향가 식으로 표기했다.

함은 국어 학계의 정설이다.

음과 뜻을 빌어서 우리말 어순대로 표음식 표기를 했다는 사실을 놓고, 아리랑을 한자로 적어 보자

아리랑我離郎 나 아我, 떼 놓을 리離, 군주 랑 또는 사내 랑郎이다.

이를 다시 해석하면, 군주를 위해서 한 몸을 버린다는 뜻이다.

아라리요我羅離了 나 아我, 벌릴 라羅, 떼 놓을 리離, 마칠 요了 내가 벌려(통일을 이룩하여) 놓고 마친다. 내가 신라 땅을 벌려(통일해) 놓고 목숨을 버린다 는 해석이 나온다.

아아리랑 "我我離郎" 나를, 나를 버린 낭군. 군주는 왠지 억지라는 생각이 들지 않는다.

원광법사가 오계를 제정했듯이 불교적 내면으로 보면 나라는 아상을 버리면 부처가 된다.

견성성불의 의미가 나타나 있다.

화랑오계로 보면, 나 자신을 버리는 정신으로 싸움에 임하면(임전무퇴) 승리를 한다는 이타利他 정신이 배어 있다.

즉 내가 죽음으로써 신라는 통일을 한다는 정신이 아닐까?

랑郎은 하늘이며 임금이며 군자이며 우주의 주인공이다.

이것이 아리랑의 내용이 아닐까하는 생각이 든다.

그리하여 아리랑을 불교적 노래로 보았을 때는 도통가 이다.

십리를 십방으로 못 가서 발병 난다. 에서 발병拔病은 뺄 발拔, 병 병病 적진에서 나를 버리는 정신으로 싸우면 오히려 살듯이 병이 낫듯이 산다는 뜻일 게다.

다시 불교적 논리로 말하면, 사람에게 적이라는 것은 나라고 하는 고집이 가장 큰 병인데, 이것을 빼버려야 부처의 세계에 이른다는 뜻으로, 발병發病이 난다가 아닌 발병이拔病 낫는다로 해석이 된다.

그리하여 아리랑 민요의 발상지는 옛 서라벌이 아닌가 싶다.

지금도 옛 고도인 경주 지방에 가면 화랑각이라든지, 아랑각이라든지 모랑각이라든지, 하는 비석이 있고 삼국사기 삼국유사 등 문헌적으로 한 시대를 대변해 주는 유물들이 즐비하지 않는가?

당시 화랑 즉, 사랑하는 사람을 전쟁터에 보내 놓고 기다리는여심으로 불렀던 것이 이두식 향가로 변천되어 오면서 구전과 구전으로 부르던 서민들의 애환이 힘겹고 정겹고 할 때 타령조로 즐겨 부르는 노래가 아닌가 싶다?

이 산승이 학술적 근거는 제시 하지 못하였지만 불교적 이타 정신으로 이 민족 중심에 두었을 때 이 아리랑 정신으로 나라를 구하고 아리랑 정신으로 아상인 자만. 아만. 교만을 버린다면 각자覺者의 길인 깨달음의 세계가 비춰질 것이다.

아리랑. 아리랑 아라리요
나를 버리고 가신님은
십 리도 못가서
발병난다.

연민의 정이 높이 서려지는 자랑스러운 우리 옛 조상들의 문화적 향가鄕歌가 아닌가 싶다.

실상희장 존상實相喜藏 尊上 님께

세상사 우주만물 법화경 장광설 따라
실상의 바람등살에 낙엽이 떨어져도
곡진한 인생 한 유수 동강에다 흘려 보냈다.

외로움을 고향처럼 길들여온 지난 세월
덧없이 흐르는 물에 내 신심 풀어 놓아
사람들 저를 보고는 한 마리 학이라 합디다.

희장 법사님 '산은 흐르고 물은 서 있네' 라는 법화경 강설집을 소승이 받아 안동불교대학원 경북불교 대학원에서 각양각지에서 강의를 하며 교재로 잘 이용하였습니다.

이제야 두서 없는 글월을 올리게 되었습니다.

소납을 경책하소서 달게 받아 내내 교안하겠습니다.

관음보살 크신 화신 응신이 되신 바라밀다운 믿음, 이 얼마나 갈고 닦은 발심과 믿음의 서기이겠습니까?

저절로 고개를 숙일 일이라 부끄러운 이, 우치를 용서하십시오.

일찍이 불문에 사려 깊은 뜻을 심어
한 삶의 여정을 신뢰하며 환희한 뜻이
장엄한 대강설집에 현묘함이 묻어납니다.

실상반야 관조반야 회광반조 하는 것이
인간을 다스리는 득대보살이라지요
마음의 작용을 심는 심즉시불을 일깨웠습니다.

“나는 길이요”
생사를 관할것이요
“나는 진리요”
부처님 경전을 요득할 것이며
“나는 생명이요”
부처님 대자대비 사상을 체득할 것이며
“나는 호흡이다”는
그 연친 관계를 알아 기예의 그 현묘함을
이를까를 궁구하니 오성의 날은 그 언제 일는 지……

또 다시 가을은 와 겨울 채비 분주한 날
타고난 가난 끼를 애써 감춰 보지만
시승의 곡진한 삶을 세인들이 비웃구나

누가 나 무소유라 청빈하다 말할 건가
시주함 없는 법당 내 그릇이 하도 작아
때로는 생각는 사념 노동자가 되고 싶다

성문에서 연각으로 보살에서 부처까지
일체유심조에서 무애심 보살심 정등각까지
끝없는 정의로 남아 가부좌한 무릎만 시립니다.

희장 법사님
우치한 문장만 늘어놓아 죄송합니다
쌀쌀한 초겨울 날씨에
연로하신 옥체를 생각 하옵시고
내내 건강하십시오.

동강야인 청학
삼가 예를 올립니다.

금동미륵반가사유상(국보 제83호)과 일본의 국보 제1호 미륵반가사유상

우리나라 문화재 관리국에 등록되어 있는 금동미륵보살반가사유상은 1962년 12월 20일 당시 문화부 재청으로부터 국보 제83호로 지정이되었다고 기록이 되어 있다.

현재 국립중앙박물관에 관장하고 있으며 제작 시기는 6~7세기 삼국시대를 그 제작 년대로 봅니다.

그러나 우리나라의 국보 제1호는 남대문이고 일본의 국보1호는 일본 교또 정창원이라는 박물관에 소장 되어 있는 미륵보살 반가사유상이다. 이 미륵반가사유상의 유래는 7세기경 신라와 일본의 문물 교류가 있던 시기 신라의 조불사造佛師로부터 전수받은 일본인 조불사가 조각한 것이라고 그 기록이 있다. 그 당시 일본에서 조성한 반가사유상은 목조물이다.

근간에 이 불상의 목질을 조사한 결과 우리나라 적송赤松이라는 것이 판명되었다. 적송은 일본에서는 조선 소나무라고 하는데 일본의 역사 소설가 '시바 료다로' 의 '고향을 잊을 수 없어' 에서 이를 증언하고 있다. 그래서 일본 국보 제1호인 미륵반가사유상은 신라에서 7세기경 일본에 불교를 전파 내지는 포교하기 위하여 신라의 고승들이 가지고 간 것이라고 하는 주장설이 설득력을 얻는 유력한 증거다. 왜냐하면 일본의 조불사가 반가사유상을 조성하는 재질이 한국의 적송이라야 되는 이유가 없었기 때문이다.

그렇다면 우리 국보 83호는 어떠한가?

금동미륵반가사유상이 국보 물로 되기까지 이 반가 사유상은 일제 강점기 때 밀반출 되어 출토지가 불분명한 것으로 그 제작지를 알 수 없으나 국보 제78호는 삼국시대 불상 중에서 대표적인 조형물로 매우 우수한 것으로 본다.

미륵반가사유상은 부처가 성도하기 이전 태자 시절에 인생의 깊은 무상을 느끼고 출가하여 중생구제라는 큰 뜻을 품고 고뇌하는 인간 싯다르타 형에서 유래한 것이나 시대를 흐르면서 불교 교리의 발달에 따라 석가모니가 열반한 후 인간 세상에 다시 나타나 한 사람도 빠짐없이 중생들을 깨달음의 경지로 인도하겠다는 미래불인 미륵불의 신앙에서 발전하게 된 것이다.

특히 6~7세기 동양 불교 조각 가운데 최고의 걸작이라는 평이 있으며 일본 교또 고류지의 목조반가사유상과 매우 흡사해 한일 고대 불교조각 교류 연구에 있어 큰 주목을 받아 왔다.

미술적 학술적 종교적인 가치로 재 설명하고자하면 금동미륵보살반가사유상은 머리에 세 개의 둥근 산 모양의 보관을 쓰고 있어 '삼산관미륵반가사유상三山冠彌勒半跏思惟像' 이라고도 한다.

이 불상은 두 줄로 융기 된 목걸이 외에는 몸에 전혀 장식이 없는 것으로 전반적으로 단순함을 강조한 둥근 조형감이나 좀더 사실적이고 입체적인 옷 주름 표현과 움직이는 듯이 조각된 두 손과 두 발의 모습 등에서 사실적이면서 생동감이 잘 나타나고 있다.

얼굴은 둥근편으로 눈은 지극히 가늘게 뜨고 있어 무엇을 사유하는 모습이며 양 눈썹과 콧등의 선은 길게 연결되면서 다소 날카롭게 표현되어 있다. 더욱이 억울에 잔잔한 미소는 깊이 사색에 잠겨있는 종교적인 편안함을 주면서도 신비로운 느낌을 더해준다.

날씬하면서도 둥근 맛이 강한 신체에는 천의가 몸에 완전히 밀착되어 옷 주름이 전혀 표현되지 않는데 비해 군의의 옷 주름은 두 다리를 덮으면서 무릎과 다리의 볼륨감을 강조하고 대좌 위로 자연스럽게 흘러내렸다. 또한 허리 양쪽에서 옷자락은 양다리 옆에 있는 둥근 고리를 통해 늘어져 엉덩이 밑으로 감추어 있다.

특히 양감이 강조된 두 다리의 형태나 자연스럽게 늘어진 주름과 표현 등은 경상북도 봉화에서 출토된 것으로 현재 하반신 부분만 남아 있는 경북대학교 박물관 소장의 석조반가상과 그 양식이 비슷하다.

1970년에 독일의 실존철학 창시자 '샤르트가' 미국을 거쳐서 일본과 인도를 순방하는 길에 일본의 교토 정창원에 있는 미륵보살반가사유상을 보고 그는 격찬을 했다.

'나는 지금까지 철학자로 인간존재의 최고를 완성한 모습의 표정을 여러 가지 모델로 접해 왔습니다. 고대 그리스의 신들의 조각을 보았고 로마시대의 많은 조각상을 본 일이 있습니다. 그러나 그것들은 어느 하나도 인간을 초월하지 못한 지상적이고 인가적인 냄새가 남아 있었습니다. 그리고 그리스도의 사랑을 표현하는 로마시대의 종교적 조각에도 인간의 존재 본연의 정화된 '기쁨'이라는 것이 표현되어 있다고 생각하지 않는다. 이들 모두가 어느 것이나 정도의 차이는 있어도 아직은 지상적 감정의 오염을 남긴 인간의 표현이였지 진정한 인간 실존의 존엄성과 깊숙한 밑바탕까지 도달한 자의 모습의 표정은 아니였습니다. 그러나 이 미륵반가사유상은 진실로 완성한 인간 실존의 최고 이념을 남김없이 표현한 것입니다. 그것은 지상에서 시간적인 모든 것의 논박을 초월한 인간존재의 가장 청정하고 가장 원만한 모습의 심볼이라고 생각합니다. 나는 오늘날까지 몇 십 년간을 철학자로서 생애중에 이와 같은 인간실존의 본연의 평화스런 상을 구현한 예술품을 본 적이 없습니다. 이 불상은 우리들 인간이 가진 마음의 영원한 평화의 이상을 진실로 남김 없는 곳까지 최고의 표정을 하고 있습니다.'

이상과 같은 찬사에 대해서 당시 일본 외국 언론들은 아마도 '샤르트가' 동양을 보지 못했는데 마침 일본에서 초청해준 데 대한 대가로 이러한 격찬을 한 것이라는 논평도 있었다고 한다.

우리나라 문화재 관리국에 등록된 85% 이상이 불교 문화재 인데 1995년 10월 UN 문화재 관리보호위원회에서 불국사와 팔만대장경과 종묘가 세계 문화재로 등록 되며 선정된 바 있다.

이는 우리나라의 유구한 역사와 더불어 이 문화를 전승해 왔다는 자랑이자 인증이 되는 것이다.

그런데 근래에 와서 세계화와 개방화화 시대를 맞이하여 젊은층에 파급 되고 있는 남미 유럽의 퇴폐문화가 성인들까지도 긍정하는 단계에 이르렀다.

나 개인 생각으로는 남미 유럽 각국이 2차 대전 전후에는 선진적인 국가이고 발전하는 국가였다. 그 속에서 창조된 문화는 목욕문화와 정열적인 노래와 춤이다. 이러한 문화를 접하게 되는 요즘 젊은 세태들을 보면 과연 이들이 앞 날의 우리나라의 사회지도층이 되었을 때 정신적으로 퇴페한 국가로 전락하지 않을까 심히 염려가 되어 이글을 발췌하여 고뇌에 찬 정성으로 이글을 쓰게 되었다.

오늘날 우리나라의 노년층은 과거 일본 식민지 시대를 경험했고 중국과 인도 등 아시아 각국이 서구열강의 식민지 문명통치를 보았고, 영국과 서구 세력 국가들이 저 거대한 중국대륙의 분활정책과 아편전쟁과 종교전쟁을 지켜 본 시대의 한 사람으로서 세계화와 이 개방시대의 향락문화는 곧 우민정치의 하나라고 보아도 무리는 아닐 것 같아서 인간의 존엄 그 존엄과 가치관을 이 반가사유상에 담은 것이다.

현재 세계적인 작품으로 알려진 '다빈치' 의 '모나리자의 영원한 미소' 를 보자 이 작품 속에는 이런 정설이 있다. 다빈치가 모나리자를 연인 사이로 맞이하였을 때의 모델이였기 때문에 애정의 발로의 표현이 아닌가 하는 정설이 내려오고 있고 또한 다른 미술 평론가들은 '모나리자' 는 헤어진 남편을 비웃는 악의에 찬 표현을 하고 있다는 설도 있다. 어쨌든 '모나리자의 미소' 는 세계적으로 알려진 작품이지만 과연 그러한 미소가 과연 인간의 내면적인 삶과 정신적인 사고가 있을까. 앞서 말한바 있는 '샤르트르' 대 철학자가 논평을 했더라면 실존철학자로서 이렇게 논평을 했을 것입니다.

인간적인 감정이 그대로 담겨 있는 표정으로서 인간 실존의 깊숙한 내면적인 평화와 행복을 표현한 미소는 아니다 라고 논평을 했을 것으로 추리해 봅니다.

서양의 '로댕' 의 생각하는 사람의 명성이 있다면 동양의 우리 민족에게는 반가사유상이 있다. 시대적 배경으로 볼 때 우리 반가사유상이 앞선다.

이를테면 어느 것이 진정한 생각 즉 사색하는 것으로 보아야 할까?

모든 실존적 가치로 보면 우리 것이 더욱 소중하고 그리운 것이 아닌가 싶다.

5
선시 감상

선禪이란?

선이란?

선은 존재의 근원을 통찰하고 나와 우주의 참모습을 자각하여 참된 주체를 확립하는 수행을 말함이다. 이러한 참선수행이 현대인이 관심을 가지는 이유는 무엇일까?

오늘날 인간은 문명의 발달로 인하여 참된 삶을 살지 못하고 존재와 생명의 근원이 무엇인가를 모르고 살아가고 있다. 즉 자아의 진실한 모습이 무엇인가를 모르고 살아가고 있기 때문이다.

우리들의 일상생활을 돌이켜 보면 타성적인 생활관습으로 살아가고 있다. 이는 생존 그 자체를 위하여 산다고도 하고 어떤 이는 명예를 위해서 산다는 사람도 있고, 또 어떤 이는 오로지 가족만을 위하여 사는 이도 있고, 어떤 가치관의 목적을 성취하기 위해 산다고도 한다.

또한 아무런 의미를 갖지 못한 채 일상의 반복 속에서 묻혀 살기도 하고 하루하루의 삶이 고통뿐인 삶을 사는 이도 있다.

이러한 각각의 삶이란 삶 속에서 지각 있는 가슴을 지닌 자는 '나는 누구인가' 의심을 가지게 된다.

과연 나는 누구이며 나의 전면목은 무엇이며 울고 웃고 태어나고 죽고 하는 주인공이 무엇이냐 하고 자문을 하게 된다.

인간은 누구나 물질적으로 풍요로움을 가지려 하는 반면에 심리적으로는 거기에 따른 많은 갈등과 불안한 요인으로 한 삶을 살아가고 있다. 즉 더 나은 풍요로움을 가지기 위해 많은 이해와 득실 속에서 가중된 업무와 스트레스와 고독 속에서 힘겨워하고 있다.

여기서 사람들은 점점 더 이기적인 욕심을 내게 되고 서로에게 많은 상처를 안겨주며 스스로가 지쳐가고 있다. 이러한 소용돌이가 오늘날 우리들의 자화상이다.

도대체 우리는 무엇을 위해 이토록 모든 것을 가중하게 하고 이토록 바쁘게 움직이고 있는 건지, 물질적 풍요는 왜 우리의 마음까지 풍요롭게 하지는 못하는지를 생각하게 된다.

여기서 선은 나는 무엇인가를 알려주고 이것을 통해서 인간은 참다운 자기를 바로 보며 살아가려고 한다.

그러므로 참선수행은 무엇이 인간의 참된 삶이냐를 문제 삼으며 자기의 주관을 찾아 활발하게 살아가도록 하는 수행법이다.

여기서 수행자는 검소한 가운데서 안빈낙도를 찾고 절대로 사치를 구하지 않음이다. 그러나 몸과 마음이 불편할 정도로 아예 갖추지 않는 것도 선 수행을 방해함이니 따라서 최소한의 옷가지와 음식물을 갖추는 것이 바람직함이다.

특히 가정생활을 하는 재가자의 경우는 가족을 부양하는 책무가 있으므로 부득이 여러 가지 소유물들이 생기겠지만 검소함을 잃지 말아야 하는 마음가짐이 중요하다. 여러 가지 일을 하지 않는 것을 한적함이라 하고 산란하고 시끄러움을 멀리 피하는 것을 조용함이라 한다.

또한 마음속에 일없는 것을 한적함이라 하고 마음속에 시끄러움이 없는 것을 조용함이라 한다. 이러한 연유는 몸과 마음이 한적하고 조용해야 곧 선을 닦을 수 있다. 모든 인연 있는 일은 쉬는 것이다. 작위적인 모든 사업을 하지 않고 세속적인 모든 사업을 하지 않고 세속적인 왕래를 쫓거나 찾지 않는다. 방술과 재주를 익히지 않고 학문과 강론을 숭상하지 않는다.

오로지 마음을 오롯이 하여 오직 선을 닦을 뿐이다.

몸과 마음에 일이 많으면 선 수행을 할 수 없다. 그러므로 수행인은 세속을 멀리하고 주변을 정리하고 생활을 단조롭게 하는 것이다.

즉 일을 할 때는 일에만 집중하고 쉴 때는 몸과 마음을 확실히 쉬며 사교 모임은 줄이는 것이다.

외도의 경전이나 외전을 멀리하는 것은 물론이며 지식을 쫓아 거기에 시간을 너무 많이 빼앗기지 말아야 할 것이다.

이 법은 언어가 끊어지고 마음의 행처가 멸한 곳에 선이 이루어지기 때문이다.

세간의 모양, 소리, 냄새, 맛, 촉감 등은 범부의 마음에 애착과 탐욕을 생기게 하여 온갖 악업을 짓게 하므로 수행자는 항상 이를 경계해야 한다.

일체 중생은 항상 다섯 가지 욕망으로 괴로워하면서도 오히려 그것을 구하기를 그치지 않는다.

이 다섯 가지 욕망은 얻을수록 점점 심해지니 마치 불에 땔나무를 더해주는 것과 같다. 오욕은 이익이 없으니 개가 말라 빠진 뼈를 씹는 것과 같고 오욕은 다툼을 늘이니 새들이 고기를 서로 차지하려고 다투는 것과 같으며 오욕은 사람을 태우니 역풍에 횃불을 잡은 것과 같다.

또 오욕은 사람을 해치니 모진 뱀을 밟은 것과 오욕은 알맹이가 없으니 꿈에서 얻은 것과 같으며 오욕은 오래가지 않으니 잠시 빌린 것과 같다.

어리석은 저 중생은 항상 오욕의 부림을 당하므로 오욕의 노예라 부르기도 한다. 이 욕망에 무릎 꿇어 삼악도에 떨어지게 되면 영영 벗어날 기약이 없으니 어찌 슬프다 하지 않으리요. 마땅히 서둘러 이것을 멀리하고 경계함이 올바르다 함이다.

돌아다니는 것을 좋아하고 유희에 빠지는 것을 들뜸이라 하고 노래하고 즐기고 시비 가리는 것을 좋아하며 이익 없는 담론을 장황하게 설하는 것을 입의 들뜸이라 한다.

정서가 방일하고 제멋대로 상상하여 세간의 문장과 재주를 연구하며 온갖 나쁜 생각과 관찰로 사유함이 그치지 않는 것을 마음의 들뜸이라 한다.

이럴 때에는 정신을 집중할 수가 없다.

비유한다면 여기 통 속에 물이 있는데 바람이 일으켜 파문이 인다면 정상적인 시력을 가진 사람이라도 거기 비친 자기 얼굴을 제대로 알아볼 수 없으리라. 마찬가지로 어떤 사람의 마음이 들뜸과 희환에서 벗어날 길을 제대로 알아 볼 수 없으니 이리하여 그는 자신의 행복도 남의 행복도 올바로 이해하지 못한다.

몸을 조화롭게 함이란 몸을 편안하고 고요히 유지하는 것이다.

선정에 들지 않을 때라도 걷거나 머물거나 나아가거나 멈출 때를 자세히 살펴야 한다. 만일 하는 일이 거칠면 호흡도 자연히 거칠게 되고 호흡이 거칠게 되면 마음이 산란하여 단속하기 어려워서 좌선할 때에 이르러서도 편안하지 못하다.

항상 몸과 마음이 호흡을 조화롭게 해야 한다. 좌선을 하려면 반가부좌나 결가부좌를 하고 허리띠를 느슨하게 한다. 참선은 원래 좌선만을 이야기하지 않으며 일상생활 그 자체가 참선이 되어야 한다.

좌선은 그 자체로 훌륭한 수행법이면서 동시에 일상생활의 참선수행법에 큰 도움이 되기도 한다. 좌선은 참선수행자가 불가에서는 필히 배워야 할 기본 과정이다.

좌선할 때에는 우선 두꺼운 방석을 준비하고 앉는다. 가부좌는 먼저 오른쪽 발을 왼족 무릎 위에 겹친다. 그리고 왼쪽 발을 오른쪽 무릎 위에 포개는 것이다. 이것이 결가부좌이다.

반가부좌는 다만 왼발을 오른쪽 무릎 위에 놓는 것이다. 그 다음에 바른 손을 발목 위에 놓고 왼손을 바른 손바닥 위에 겹치며 양쪽 엄지손가락 끝을 서로 둥글게 맞댄다.

이것이 대삼마여인 또는 법계정인이라 한다.

그 다음에 허리를 반듯이 수직으로 세운다.

이때에 몸을 전후, 좌우로 약간 움직여서 허리를 자연스럽게 세워 몸이 기울거나 앞으로 굽거나 뒤로 제쳐지지 않도록 한다.

특히 어깨나 목, 등, 몸에 힘을 주지 말고 자연스런 자세를 취해야 한다. 턱은 당기고 눈은 자연스럽게 아래로 떨군다. 귀와 어깨가 수직이 되도록 반듯이 한다. 혀는 입천장에 대고 입을 가볍게 다문다. 혀를 입천장에 대는 것은 침이 입안에 고이지 않게 하기 위한 것이다. 결가부좌나 반가부좌가 익숙할 때까지 다리가 자주 아프고 저릴 것이다. 그럴 때는 다리를 바꿔가며 앉도록 한다. 그러나 바꾸고 싶은 충동을 느끼는, 즉시 바꾸는 것은 좋지 않다.

먼저 왜 자세를 바꾸려고 하는지 알아 보라. 육체적 피로 때문인지 정신적 불안정 때문인지를 몸이 고통스럽게 여기는 부분을 주목해 보라. 정직하고 면밀하게 관찰하는 법을 배워라. 수행정진은 마음의 문제인지 육체의 문제가 아니다. 공부가 순숙해지면 어는 듯 몸이 있는 줄 모르는 경지에 이르게 된다. 시선은 여기저기를 두리번 정신이 산만해서 좌선을 할 수 없게 된다. 이렇게 집중이 안될 때에는 시선을 고정시키기 위해 벽에다 작은 점이나 원을 표시해 놓고 거기에 시선을 고정시키는 것이 도움이 된다.

초심자는 눈을 감는 것이 더 집중이 잘 된다. 그러나 눈을 감고 하면 어느덧 혼침이 떨어지기 쉽게 때문에 주의하지 않으면 안된다. 특히 오후나 새벽 좌선시에 눈을 감는다는 것은 잠을 청하는 것과 같다. 그러므로 좌선 중 수면에 시달릴 때는 눈을 크게 뜨도록 하는 것이 좋다. 좌선시 몸이 피로하고 졸음이 심해 정신이 집중되지 않으면 수시 포행을 하는 것이 좋다. 보통 선원에서는 50분 좌선하고 5분 내지 10분간 선방 내를 포행하는 것이 관례이지만 포행시간은 좀 더 늘려도 좋다.

포행할 때는 금강권을 하고 두 손을 자연스럽게 드리우고 서서히 걷는 것이다. 이때에 좌우를 쳐다보지 말아야 한다. 포행은 바로 행선이다. 앉았을 때와 같은 마음이 흐트러지지 않아야 된다. 포행은 피로가 풀리고 맑은 정신이 돌며 몸에 활기를 준다.

따라서 좌선과 행선을 적절히 섞어서 수행하면 좋다. 혼자서 하는 산책은 마음을 차분하게 하고 사유를 깊게 해주며 내면을 들여다 보는 좋은 수행법이다. 한 나무 밑에 앉아 몸을 바르게 잡고 결가부좌 하였다. 다른 생각이 없이 마음을 코 끝에 두고 긴 숨이 나가면 길다고 알고 들어오는 숨이 길면 또한 숨이 길다고 알고, 나가는 숨이 짧으면 또한 숨이 짧다고 알고, 나가는 숨이 차면 또한 숨이 차다는 것을 알고, 나가는 숨이 따뜻하면 숨이 따뜻하다는 것을 알았다. 때로는 숨이 있으면 있다고 안다. 때로는 숨이 없으면 또한 없다고 안다.

만약 숨이 마음으로부터 나가면 또한 마음으로부터 나간다고 알고 만약 숨이 마음으로부터 들어오면 또한 마음으로부터 들어온다고 알았다.

이때에 마음은 이와 같이 사유하고 욕심이 곧 해탈을 얻어 다시 약함이 없으며 깨닫고 관찰함에 기쁨과 평안함을 얻는 초선에서 놀며 깨닫고 관찰함에 스스로 기뻐하며 일심으로 깨달음이 없고 관찰함이 없는 삼매의 기쁨인 이선에서 놀며 다시 기쁨조차 없고 오로지 몸의 즐거움을 알고 성현의 가호를 구하는 것으로 기뻐하는 삼선에서 놀며 저 고락의 길이 멸하여 다시 근심이 없고 고가 없고 낙이 없고 생각이 청정한 사선에서 놀아 삼매 속에서 마음이 청정하여 더러움이 없다. 이와 같이 마음 정립을 할 것이다.

선승禪僧의 여섯 가지 기본 성격

대승불교의 차원에서 본 우리나라의 불교는 중국의 당나라와 교역을 하면서 번창하여 왔다. 모든 경전 또한 중국으로부터 흘러들어 왔다. 예를 들면 금강경만 보더라도 금강경은 오가해라는 다섯 사람의 해설집이 나온다.

당나라 규봉종밀선사 금강경소론찬요,당나라 육조혜능선사 금강경구결, 양나라 쌍림부대사 금강경제강송, 송나라 야부도천선사 금강경착어송, 송나라 예장종경선사 금강경제강 등 이렇듯이 당·송대 시대와 신라 삼국 시대를 들추어 볼 수 있다.

이 시대의

1) 선승들은 명확한 전기를 꽤하는 사람들이 태반이다.

그들은 생년몰 즉 태생과 죽음의 시 출생지의 기록이 없고 어디서 와서 어디로 갔는지 조차 분명하지 않음에도 불구하고, 그 실존을 의심할 수 없는 사람들이다.

거의 다 비승 비속의 체질이다. 그러므로 후대에 이를수록 수도 헤아릴 수 없이 새로운 전기를 낳아 문학자들로 하여금 창작 의욕을 자극하는 이유가 되기도 한다.

2) 체제비판, 선승의 기질은 항상 이단 측에 선다.

그것은 정통파의 형체화를 한없이 비판하는 에너지의 원천이다. 스스로 전통을 형성하는 것은 이미 창조력을 잃었을 때다.

선승은 항상 지계, 선정, 강학 등이라고 하는 것에 전통체제 밖에서 깨달음으로 조율을 하는 특성이 있다.

3)선승은 떠돌이 운수행각자로서 어디까지나 통속불교에 철하고 있다. 그들의 교양은 업과 윤회와 해탈이라고 하는 단순 교리 이상으로 나오지 않으나 인간 최후의 좌座가 거기에 있는 것을 투시하고 있다. 그러므로 앉아서 죽고 서서 죽는 자재로움이 있어 저변의 민중과 달리하는 이유가 여기 있다.

4)모두가 하나같이 시인이다. 선승들은 모두 불가사의하게도 여러 사람의 기억에 시를 남기고 있다. 예를 들면 나옹선사의

청산은 나를 보고 말없이 살라하고
창공은 나를 보고 티 없이 살라하네
탐욕도 벗어 놓고 성냄도 벗어 놓고
물같이 바람같이 살다가 가라하네

즉, 깨달음의 동체대비 사상에 따른 오도송이 그 공감을 일으키는데 중요한 역할을 한 것 같다.

5)선승은 강렬한 개성이 왕성하고 주체적인 활동성을 본 생명으로 삼고 있다. 선승 모두가 철저하게 자아의식이 강하므로 제자는 자라나지 않는다. 일대만이다. 법통은 생길 수 없는 것이다. 원래 선사상의 일반이라고 하는 것은 어디에도 존재하지 않는다. 이는 중국불교의 선승들은 행적이 거의 그렇다.

존재하는 것은 존재하는 것은 개개인의 인물 선이다.

달마의 선이고 혜능의 선이고 마조의 선일 뿐이다. 다시 말한다면 달마스님은 달마스님답게 살다 갔으며 혜능스님은 혜능스님답게 살다 갔을 뿐이다.

6)선승은 모두 한량없는 낙천가요, 유희삼매의 명랑성의 그림자조차 남기지 않는 경묘함이 매력을 더한다.

유모어와 주락의 뒷맛을 남기지 않는 가가대소의 예를 들면 낙산 스님이 밤중에 산꼭대기에 올라가서 달을 보고 웃으니 40리 사방의 주민이 웃었다고 한다.

여기서 만물과 일체사생육류가 모두가 동포라는 대자비가 작용한다.

그러나 어디까지나 시원하게 탁 트이고 있어서 자비라든가 사랑이라든가 하는 일말은 있을 수 없다.

이것이 선사상인 까닭일 것이다.

경허스님과 참선곡

경허큰스님은 1849년 전라북도 전주에서 태어나 9세에 청계사 계허스님 아래에서 출가했으며 14세에 계허스님의 천거로 지금의 대전 동학사에서 만화스님을 모시고 각종 불교 경전을 섭렵한 끝에 23세 되던 해 동학사 강원에서 강사로 학인들을 지도하게 되었다.

31세 때 천안 천장사로 상경하던 중 천안 부근에서 악성 전염병으로 시신이 널려 있는 참상을 보고 발심하여 동학사 강원을 철폐하고 용맹정진에 들어 갔는데 한 사미승이 전한 "소가 되어도 고삐를 뚫을 구멍이 없다"는 이 한마디에 확철대오 하였다.

1881년 33세 대던 해 연암산 천장암 토굴에서 누더기 옷 한 벌로 지내며 보임을 하던 중 어느 날 크게 깨달아 오도송을 읊었다.

오늘날 선객이라 이름 하는 이들 중에 그의 문손이거나 직간접적으로 영향을 받지 않은 이가 과연 몇이나 될 것인가?

비유하건대 북극성이 제자리에 머물러 있으면 뭍 중생들이 그에게 향하는 것과 같은 것이다.

선사께서는 선의 생활화와 실천을 통해 일대 혁명을 이루었고 불조의 경지를 현실에서 몸소 구현하였던 대성자이자 근세 한국불교의 중흥조이셨다.

그에겐 행주좌와 어묵동정 일체 처 일체시가 모두 선 아님이 없는 출격대장부이셨으니 가히 한국의 마조스님이라 할 수 있을 것이다.

큰 스님의 행적 중 많은 오도송과 법문이 있으나 근자에 많이 회자 되고 있는 경허스님의 참선곡이 무분별한 언어 어휘 등으로 불자들로 하여금 많은 혼란을 초래하고 있는 터라 경북불교대학교 학장이시고 철학박사이시며 시조시인이신 박희서 선생님과 소납이 현대문법과 옛 가사문법 차원에 맞추어 정리를 하여 독자들로 하여금 그 의심을 풀고 뜻을 해석하고 음률을 이해하는데 도움이 되고자 한다.

경허스님 참선곡

홀연히　생각하니　도시몽중　꿈이로다.
천만고　영웅호걸　북망산에　무덤이요
부귀문장　쓸데없다　황천객을　면할 소냐.
오호라　나의 몸이　풀끝에　이슬이요
바람 속에　등불이라　삼계 대사　부처님이
정령이　이르시대　마음 깨쳐　성불하여
생사윤회　영단하고　불생불멸　저 국토에
상락아정　무위 도를　사람마다　다 할 줄로
팔만장교　유전이라　사람 되어　못 닦으면
다시 공부　어려우니　나도 어서　닦아보세
닦는 길을　말하려면　허다히　많건마는
대강 추려　적어보세　앉고서고　보고 듣고

착의 끽반 대인 접화 일체 처 일체 시에
소소영영 지각하는 이것이 무엇인고
몸뚱이는 송장이요 번뇌망상 본 공하고
천진면목 나의 부처 보고 듣고 앉고 눕고
잠도 자고 일도 하고 눈 한번 깜짝 할세
천리만리 다녀오고 허다한 신통묘용
분명한 나의 마음 어떻게 생겼는고
의심하고 의심하되 고양이가 쥐 잡듯이
주린 사람 밥 찾듯이 목마를 때 물 찾듯이
육칠십 늙은 과부 외자식을 잃은 후에
자식생각 간절하듯 생각생각 잊지 말고
깊이 공부 하여가되 일념만년 되게 하여
폐침망찬 할 지경에 대오하기 가깝도다
홀연히 깨달으면 본래생긴 나의 부처
천진면목 절묘하다

아미타불 이 아니면 석가여래 이 아닌가
젊도 않고 늙도 않고 크도 않고 적도 않고
본래생긴 자기영광 개천개지 이러하고
열반진락 가이없다 지옥천당 본공하고
생사윤회 본래 없다 선지식을 찾아서

요연히 인가마저 다시의심 없앤 후에
세상만사 망각하고 수연방광 지내 가되
빈 배같이 떠돌면서 유연중생 제도하면
보불은덕 이 아닌가 일체계행 지켜 가며
천상인간 복수하고 대 원력을 발하여서
항수불학 생각하고 동체대비 마음먹어
빈병걸인 괄세 말고 오온색신 생각하되
거품같이 관을 하고 바깥으로 역순경계
몽중으로 관찰하여 해태심을 내지 말고
허령한 나의 마음 허공과 같은 줄로
진실히 생각하여 팔풍오욕 일체경계
부동한 이 마음을 태산같이 써나가세
헛튼소리 우스개로 이날저날 헛보내고
늙은 줄을 망각하니 무슨 공부 하여볼까
죽을 제 고통 중에 후회한들 무엇하리
사지백절 오려내고 머릿골을 쪼개낸 듯
오장육부 타는 중에 앞길이 캄캄하니
한심참혹 내 노릇이 이럴 줄을 누가 알꼬
저 지옥과 저 축생의 나의 신세 참혹하다
백천만겁 차타하여 다신인신 망연하다
참선 잘한 저 도인은 서서죽고 앉아 죽고

앓도 않고 선세하며 오래 살고 곧 죽기를
마음대로 자재하며 항하사수 신통묘용
임의쾌락 소요하니 아무쪼록 이 세상에
눈코를 쥐어뜯고 부지런히 하여보세
오늘내일 가는 것이 죽을 날에 당도하니
푸줏간에 가는 소가 자욱자욱 사지로세
예전사람 참선할 제 잠 오는 것 성화하여
송곳으로 찔렀거늘 나는 어이 방일하며
예전사람 참선할 제 하루해가 가게 되면
다리 뻗고 울었거늘 나는 어이 방일한고
무명업식 독한 술에 혼혼불각 지내다니
오호라 슬프도다 타일러도 아니 듣고
꾸짖어도 조심 않고 심상히 지나가니
혼미한 이마음을 어이하여 인도할꼬
쓸데없는 탐심진심 공연히 일으키고
쓸데없는 허다 분별 날마다 분요하니
우습도다 나의 지혜 누구를 한탄할꼬
지각없는 저 나비가 불빛을 탐하여서
제 죽을 줄 모르도다 내 마음을 못 닦으면
여간계행 소분복덕 도무지 허사로세
오호라 한심하다 이 글을 자세히 보아

하루도　열두 때며　밤으로도　조금 자고
부지런히　공부하소　이 노래를　깊이 믿어
책상위에　펼쳐놓고　시시때때　경책하소
할말을　다하려면　해묵서이　부진이라
이만 적고　그치오니　부디부디　깊이 아소
다시 할말　있사오니　돌장승이　아니라면
그때 다시　말할 테요.

나옹스님과 청산곡

나는 산과 강을 무척이나 좋아한다. 자연에서 살다 자연으로 이 사대육신을 흩어 버리고 한 생을 마감할 우리네 인생이어서 그런지는 몰라도 산과 강을 좋아한다.

어쨌든 산새가 중국 절강성이나 하남성, 운남성과 같이 뫳부리가 솟은 산에 소나무가 자라고 기암 절벽 사이로 달이 높이 떠 있고 그 사이로 강물이 흐른다고 생각하니 가히 얼마나 아름답고 정겨운가! 산 밑으로 맑은 물이 흐르고 드넓게 초원이 펼쳐져 있어 오곡과 백과가 자라나 가을이면 풍요로움이 있고 노력한 만큼 수확의 기쁨을 만끽하며 자연의 순리에 순응하면서 산다는 것이 얼마나 아름다운 미덕이 아닌가! 대자연의 상스러운 기운을 만끽하며 봄이면 꽃피우고 벌나비 찾아들고 산새도 울고 구름이 흐르고 하는 곳에 상쾌한 아침을 열며 연하미정의 맛을 느끼며 산다는 것은 인간이 자연의 순리에 따르며 부응하는 것이 아니겠는가?

그래서 나는 동강물이 흐르고 물안개가 피어나고 봉래산 솟을 봉에 붉은 해가 바위너설에 뚝 떨어지는 장관에 묻혀 산다. 거기다 내 초당 뜰 에는 무척 아끼는 물건들이 있다. 오죽이며 손수지은 초옥이다. 따사한 강 언덕에 청아한 초가삼간을 지어 세상사 근심 밖을 살며 인간사 물욕을 잠재우고 칠정을 풀어 놓고서 세정 밖을 초연하게 살고자 함이다.

봉래산 은빛달이
초당 뜰에 스며들어
오죽의 그림자가
문창살에 흘렀구나

가난한
나의 진실에
벗이 되려 함이다.

문창에 어린오죽
초연한 모습일레

붓 들고 너를 그려
맑은 넋에 젖뜨리면

한 잔의 설록차에도
청빈한 삶을 권해 올 듯……

초옥에 구름자락 노닐다 가게하고
봄이면 매화꽃이 초가를 덮는다.
대숲이 바람에 출렁거린다.
달밤이면 달이 매화나무가지 사이로 얼굴을 내민다.
산승과 정분을 나눈다.
오죽에서 맑은 바람이 인다.
그 여심 따라
내 마을 비우게 된다.
그저 초연히 말이다.

청송이
품은 뜻을
산승이 어찌 알랴

높은 산
흰 구름
한가로운 여운뿐인데

발아래
개울물 소리
이 경계를 어찌 넘나들꼬?

청산은
예나 지금
변함이 없고

강물은 흘러가며
유수를 노래하는데

왜 하필
서쪽이 극락세계이랴
마음속 둥근 달은 뜨고 지는데……

어디서
왔다가
어디로 갈 것인가

생각의
언저리엔
공허한 눈물뿐인데

필경에
머물 한 자락
마음 비워 십방으로 돌아가리라

이렇듯이 자연의 무위 속에서 인연 따라 살다갈 것이다.

소납의
초당 뜰 앞엔
동강물이 흘러가고

해 저문
서산 가에
저녁놀이 물들면

누군가
청산별곡을
무심조로 읊는다.

그렇다.
나옹화상의 청산별곡(일면 토굴가)가 생각난다.
조용히 읊조려 본다.

청산림　깊은골에　일간토굴　지어놓고
송문을　반개하고　석경에　배회하니
녹양춘　삼월하에　춘풍이　건듯불어
정전에　백종화는　처처에　피었는데
풍경도　좋거니와　물색이　더욱좋다
그중에　무슨일이　세상에　초귀한고
일편무위　진묘향을　옥로중에　꽂아두고
적적한　명창하에　묵묵히　홀로앉아
십년을　한결같이　일대사를　궁구하니
종전에　모르던일　금일에야　알았구나
일단고명　심지월은　만고에　밝았는데
무명장야　업파랑에　길못찾아　다녔구나
영축산　제불보살　처처에　모였는데
소림굴　조사가풍　어찌멀리　찾을손가
청풍은　쓸쓸하고　명월은　교교한데
두견이　홀로우니　이 무슨　경계인가
청산은　묵묵하고　녹수는　잔잔한데
백운이　유유하니　이 무슨　경계인가
일리제평　나툰중에　활계좋아　구족하다
천봉만학　푸른송엽　발우안에　담아놓고
백번천번　기운누비　두어깨에　걸쳤으니

의식이　　답박하여　　세욕인들　　있을손가
욕정이　　무심커니　　인아사상　　쓸데없다
법성산이　　높고높아　　일몰도　　없는중에
물아가　　뚜렷하니　　법계일상　　나투었다
교교한　　야월하에　　원각산중　　선듯올라
무공저를　　비껴물고　　몰현금을　　높이타니
무위자성　　진실락이　　이 중에　　갖췄더라
석호는　　무영하고　　송풍은　　화답할제
무착령　　올라서서　　불지촌을　　굽어보니
각수에　　우담화는　　만개하더라.

나옹화상은 무위자연 속에서 살다가 가신 분이다. 화상의 어록을 보면 스님의 본명은 혜근이다. 호는 나옹이며(1320~1376)년대 사람으로 성은 아牙씨이다. 영해부 사람으로 연우 경신년 정월 보름 태생으로 용모가 빼어나게 훌륭했었다 한다.

스무 살 때 친구의 죽음을 보고 출가하게 되었고 문학적 선시사상으로 보면 당대에 그 누구도 따를 자가 없었다. 출가 초년에는 여주 신륵사에 머물면서 강을 무척이나 사랑한 나머지 강월헌이란 당호를 쓰면서 많은 선시를 남겼는데 이때에 그는 물에 비친 달을 무척이나 사랑하였고 그 기상이 너무나 맑아 요즘 많이 회자되는 청산은 나를 보고라는 선시가 나오게 된 배경이 아닌가 싶다. 다시금 회자해서 감상 해 보기로 하자.

청산은 나를 보고 말없이 살라하고
창공은 나를 보고 티없이 살라하네
탐욕도 벗어놓고 성냄도 벗어놓고
물같이 바람같이 살다가 가라하네

이 얼마나 멋진 선시가 아니던가? 그의 마음에서 나온 내면의 선율이 아니던가? 깊은 산 속의 대자연 속에서 맑고 밝은 경지에서 한 삶을 노래한 것이 아니던가?

나 또한 자연의 무위 속에서 그렇게 인연 따라 살다 가리다.

선시 감상 무의자 진각국사 탐색과 깨달음

1.

지금으로부터 십수 년 전에 긴 장마 때 나는 무의자無衣子 진각국사眞覺國師께서 쓰신 시집을 읽었다.

당대의 고승이자 고려 무신 집권기의 불교계를 이끌었던 수선사修禪社로서 남긴 시집이기도 하다.

시대적으로 보면 보조국사 나옹선사와 같은 덕망과 명륜을 함께한 시대적 인물이기도 하다.

나는 이 시집을 읽고 선禪이란 무엇인가를 확실히 알게 되었다.

선禪이란 부처님과 같은 마음의 내재율이고 교敎란 부처님 가르침이다 즉 팔만사천 큰 법문이다.

여기서 진정한 오도송 즉 깨달음은 각자의 마음에서 나오는 것이기 때문에 더욱더 의미가 있다고 나는 말하고 싶다.

진각국사의 속명은 최식崔寔이요, 자字는 영을永乙, 휘諱는 혜심慧諶,법호는 무의자無衣子로 전라남도 화순 출생이다.

성장기에 유학을 공부한 스님은 1201년에 사마시司馬試 합격하여 태학太學에 입학하게 된다. 바로 이 기간에 그는 유학을 바탕으로 하여 문학 창작을 수련하였다.

그리나 이듬해에 어머니를 잃게 되자 그는 마침내 별러 왔던 출가를 결심하여 1202년 지금의 순천 송광사의 보조국사 지눌에게 허락을 얻는다. 그후 1205년 지눌은 “내가 이미 너를 얻었으니, 죽어도 한이 없으리라. 너는 마땅히 불법을 펴는 이를 스스로의 임무로 생각하고, 본래의 소원을 바꾸는 일이 없도록 하라”는 명을 받기까지 한다.

그가 법기法器 임을 알아본 격이다.

그 후 그는 주로 지리산 일대에서 선을 통한 수행에 정진하다가, 마침내 1210년 입적한 보조국사 지눌의 뒤를 이어 수선사 2대 사주가 된다. 그리고 1216년 왕명에 의해 대선사로 추대되고 이후로도 최우에게 금란가사를 하사받는 등 무신 정권의 비호를 받는다. 그러나 무의자는 여러 차례의 부름에도 끝내 도성 안에 발걸음을 하지 않고 무신 집권 세력과 일정한 거리를 두면서 오로지 저술과 선풍에만 힘을 기울여 왔다.

이 시기의 저술로 선문 염송집, 진각국사어록,무의자 시집은 오늘에 전해진다.

그의 24년에 걸친 교화는 마침내 1234년 6월 26일 월등사에서 마감한다. 향년 57세요 법랍32세이다.

"무의자 시집"은 그의 문학적 소양이 듬뿍 담긴 저작물이다. 그 스스로가 '유지불儒之佛' 이라고 칭하였을 만큼, 문학 창작은 그의 일생에 걸친 주된 관심사 가운데의 하나였던 것이다. 그런 연유에서 무의자 시집에 수록된 일련의 시들은 일반시인 시인의 작품으로 보아도 전혀 무리가 없을 정도로 개인의 정서가 스스럼없이 노래 되고 있다 승려의 붓끝에서 나온 작품으로 간주하기 어려울 만큼 보편적인 한 인간으로서의 진솔한 서정이 담겨 있는 시들이 너무나 가슴에 와 닿는다.

그렇지만 무의자는 어디까지나 속세의 사람과는 다른 길을 걷는 구도자이다. 따라서 구도의 일상에서 느꼈던 심회가 자연스럽게 시로 표출, 창작되어 '무의자 시집' 의 또 다른 한 부분을 차지하고 있는 것도 사실이다. 승려의 신분으로 수행과정에서 느낀 서정의 표출은 물론 일반 문사의 그것과 필시 다른 모습임은 분명하다.

바로 선취가 물씬 풍겨나는 일련의 시들이 그것이다.

이런 경향의 시작품이 우리 문학사에서 최초의 선시禪詩로 자리매김을 하는 것이다.

이제부터 그의 시를 두 가지 측면에서 감상하기로 하자.

먼저 하나는 그의 선시 작품을 통하여 수행의 방편으로 택하였던 화두를 읽을 수 있다. 그리고 또 한 가지는 승려이자 한 사람의 시인으로서의 스님의 인간적 체취와 다정 다감한 면모를 엿보고자 한다.

선시의 작가로만 무의자를 묶어 두기 보다는, 선시 작가 이전에 승려로서의 스님의 인간적이고 따뜻한 삶의 자세와 시인으로서 스님의 문학적 감수성과 잔잔히 흐르는 마음에 그 내재율을 감상하여 보자 그리고, 한역본을 번역한 유영봉 한문학 박사님께 감사의 예를 올리는 바이다.

2.

무의자 스님께서 출가할 때 지었다고 하는 '외롭고 분해서 부르는 노래' 이다. 이 작품에서 우리는 스님의 출가를 하게 된 동기를 엿 볼 수 있다.

사람이 천지간에 태어나면,
흰 해골에 아홉 구멍 누구나 똑같은 데
누구는 가난하고 누구는 부유하며 누구는 귀하고 누구는 천한데다.
누구는 예쁘고 누구는 추하니 이 무슨 연유인가?
일찍이 듣자하니 조물주는 본래 사심이 없다는데,
이제사 알겠도다. 그 말이 거짓말일 뿐임을……
호랑이는 발톱이 있으나 날개는 없고,
소란 놈은 뿔은 있으나 사나운 이빨이 없지.
그런데 모기는 등에는 무슨 등공이 있길래,

날개까지 있는데다 침마저 가졌는가?
학의 다리는 길지만 오리 다리는 짧으며,
새 다리는 두 개인데 짐승 다리는 넷이로다.
물고기는 물에서는 날쌔지만 뭍에서는 형편이 없고
수달은 물에서도 날래지만 뭍에서도 날래다네.
용, 뱀, 거북이, 학은 수천 년을 사는데,
하루살인 아침에 태어나서 저녁이면 죽는다네.
모두가 한 세상을 살거늘,
어찌하여 천 가지로 만 가지로 다르느뇨?
그런 줄도 모르면서 그러한가?
대개 누가 시켜서 그러는가?
위로는 하늘에 물어보고,
아래로는 땅에도 따져본다.
하늘과 땅 묵묵히 말 없음에
뉘와 함께 이 이치를 논해 보리.
가슴 속에 쌓여있는 이 울분,
해가 가고 달이 갈수록 골수를 녹이누나,
기나긴 밤 더디더디 어느 때나 새려는고?
자주자주 서창을 바라보며 울기를 그치잖네.

-「외롭고 분해서 부르는 노래」 전문

무의자 아닌 속인 최식의 시선에 비친 이 세상은 그야말로 차별과 불평등으로 가득 찬 혼돈의 세계를 읽을 수 있다.

인간의 삶의 양상 뿐만 아니다. 모든 동물들조차도 그 생김새가 천차만별이다. 각기 다른 이 생김새들로 인해 그들의 능력이나 수명마저 좌우지 되는 혼란스러운 세상이다. 현상계에 대한 일개 서생의 환멸은 울분을 일으키고 의심을 자아낸다.

그러나 속세의 어느 곳에서도 명쾌한 답을 찾을 수 없다. 이에 유문儒門을 박차고 불문佛門으로 귀의를 결심한다.

다음은 '하늘과 땅을 대신해서 답을 함'이란 이 시는 위 작품에 대한 회답의 형식이다. 창작 시기는 알 수 없지만, 아마도 출가하여 어느 정도 깨달음을 이룬 뒤에 지은 것으로 추정된다.

> 천 가지로 만 가지로 죄 다른 일들이란,
> 모두가 망상 따라 생겨나는 것이로다.
> 만에 하나 이 분별심을 벗어나면
> 무엇인들 다 같은 것 아니겠나?
>
> -「하늘과 땅을 대신해서 답을 함」 전문

답은 인식의 문제이다.

삼라만상의 천차만별 현상은 그릇된 인식, 바로 망상에서 기인한다는 것이다. 다른 말로 분별심이다.

불가에서 말하는 분별심이란 미망迷妄의 소산所產으로 진여의 도리에 맞아 떨어지지 않는 마음이다. 따라서 진여眞如의 경지에 오르기 위해서는 알아야 할 인식 대상과의 대립을 초월하여 평등한 무분별지無分別智를 얻어야 한다는 것이다.

불법에 뜻을 두고 사모하와
찬 재 같은 마음으로 좌선을 배우나니,
공명이란 하나의 깨어질 시루이고
사업이란 목적을 달성하면 덧없는 것.
부귀도 그저 그렇고,
빈궁 또한 그런 것
내 장차 고향 마을 버리고,
소나무 아래에서 편안히 잠이나 자려네.

－「출가 할 때 집을 하직하며 지은 시」 전문

논의의 시점을 앞으로 돌려, 다시 출가를 결행하면서 지은 시를 소개한다. 자신의 미망과 의혹을 씻어 줄 곳은 불문이란다. 속세의 공명과 사업, 부귀와 빈궁은 모두 덧없는 그저 그런 것이다.

더 이상 분별심이 자라날 수 없도록 '찬 재 같은 마음을 유지하면서 좌선을 마치면서 솔바람 속에서 편안히 잠이나 자고자 한다.

편안한 잠, 이는 모든 번뇌와 망상을 잊은 상태에서 드는 숙면이다. 비약한다면 진여의 세계에 드는 것이다. 그러기 위해서는 필히 찬 재 같은 마음 상태가 전개되어야 한다.

산들바람이 솔 소리를 불러오니,
쓸쓸한 게 맑고 또한 애처롭다.
밝은 달은 심파에 떨어져,
해맑고도 깨끗이 먼지 하나 없구나.

보고 듣는 것이 너무나 상쾌하여,
시구를 읊조리며 혼자서 배회한다.
흥 다함에 고요히 앉아 보니
마음이 차갑기가 죽은 재 같아라.

–「연못가에서 우연히 읊음」 전문

수행의 겨를에 못가로 나왔다. 맑고도 잔잔한 연못에 달 그림자가 비친다. 시구를 읊조리다 못가에 앉아 들여다보니 어느덧 마음이 차분하게 가라앉는다. 모든 감정마저 죽은 재처럼 고요하다. 모든 것을 있는 그대로 분별심 없이 비추는 연못에 자못 경건하고 숙연한 마음가짐이 되어 버린 것이다. 모든 것을 있는 그대로 반영하는 고요한 연못은 무분별지에 어긋남이 없다. 이처럼 무의자의 시에는 연못이 자주 소재로 등장한다.

차갑기가 얼음 녹는 물 마시듯,
빛나기가 새로 닦은 거울인 양,
다만 한 가지 맑은 맛을 가지고,
천차만별 그림자를 훌륭히도 비추누나.

–「맑은 못」 전문

연못에 대한 무의자의 이미지는 여느 승려의 그것과 크게 다르지 않다.

깨끗한 거울의 의미로,무차별의 담박함이요, 무분별지다. 무의자는 여기에 자신의 얼굴을 내밀고 비추어 본다.

못가에 홀로이 앉았다가,
못 아래서 우연히 중 하나를 만난다.
묵묵히 웃으며 서로를 바라보나니,
그대 말 걸어도 대답하지 않을 걸 나는 안다네.

–「그림자를 마주하고」 전문

바람 자고 고요히 파도 일지 않으니,
삼라만상이 눈에 가득 비치누나,
많은 말이 무어 필요하랴?
바라만 보아도 뜻이 벌써 족한 걸.

–「작은 연못」 전문

무의자가 수행의 틈틈이 연못가를 찾는 것은 다름이 아니다.

자신을 비추어 보고자 함이다. 즉, '나' 나는 무엇인가? 내 마음의 주재자라고 하는 '나' 란 과연 어떤 존재인가를 비추어 보고자 함이다. 비록 겉모습만을 본다고 하더라도 그 외양을 통해 그 안에 담긴 '나' 를 엿보고자 함이다. 물에 비친 또 다른 나에게 '너는 누구냐?' 하고 묻고 싶었던 것이다. 그러나 또 다른 '나' 에게 '너' 는 과연 어떤 존재라고 대답해 줄 리는 없다. 그러나 바라보기만

하여도 마음에 족하다.

말이 없는 이심전심의 경지이다.

연못에 비친 자신의 그림자에게 '너는 누구냐?' 하고 던지는 질문은 다시 무의자 자신의 내면에도 던져진다.

> 넓고도 큰데다 무의無衣 무상無常한 몸이라
> 선가禪家에선 본래인本來人이라 하지요.
> 다만 스스로 허명한 곳 잘도 비추니,
> 어찌 다른 데를 좇아가서 고생스레 나루를 묻겠는가?
>
> -「응률선사의 구법 시를 차운해서」 전문

불가에서는 '진정한 나를 찾는 일' 이 바로 해탈이다.

그래서 '진정한 나를 본래인' 이라고 한다.

본래인本來人이란? 본래면목本來面目의 다른 표현으로 깨달은 경지에서 볼 수 있는 모든 인간들이 가지고 있는 심성心性을 뜻한다. 다시 말하면, 조금도 인위가 더해지지 않은 자연 그대로의 심성을 뜻하는 것이다. 본래면목은 본지풍광本地風光, 주인공主人公, 무위진인無位眞人과 같은 말로 쓰이기도 한다.

진정한 나를 찾는 일은 다른 데에서 문진할 일이 아니다. 끊임없이 자아의 내부에서 우리의 참마음을 찾는 일로 귀결된다. 이 참마음을 찾는 일을 비유적으로 표현한 화두가 서암화상의 '주인공' 화두이다. 이 '주인공' 화두를 소재로 지은 시가 다음 작품이다.

주인공아! 예, 내 깨우침을 듣거라!
가장 좋은 것은 살생과, 도둑질, 음행을 굳게 없앰이라.
화탕지옥 도산지옥은 어느 누가 만들었나?
너의 잘못된 행실과 마음에서 생겼느니라.

주인공아! 예, 내 가르침을 듣거라!
도처에서 사람을 만나거든 모름지기 입조심하거라.
입이란 양화를 부르는 문으로 더욱 막을 일이니,
유마거사가 침묵한 취지에 참여하여 갖추어라.

주인공아! 예, 내 말을 들어라!
십악의 원수 같은 집안을 빨리 멀리 벗어나라.
악이란 제 마음에서 생겨나와 도리어 제 자신을 해치나니,
나무에 번성한 꽃과 열매가 도리어 가지를 부러뜨리니.

주인공아! 예, 내 얘기를 들어라!
아침저녁 부질없는 목숨 능히 얼마나 되던고,
어제를 허송하고 오늘도 그러하면
나서 오고 죽어 가는 그곳이 어디인가를 알겠는가?

주인공아! 예, 정신 바짝 차리거라!
열두 때를 항상 깨어 있으라.
원래부터 인간 몸은 세상에 근거가 전혀 없으니
꿈, 환상, 허공화를 잡아들려 하지 마라.

주인공아! 예, 너는 마음인가 부처인가?
부처도 아니요 마음도 아니요 물건 또한 아니로다.
필경에는 어떠한 이름으로 무엇이라 부르리까?
주인공이라 부르지만 일찌감치 틀렸도다. 쯧!

-「법을 구함에 서암의 주인공 화두로 게송을 지음」 전문

서암의 주인공 화두란? 옛날 중국의 선승 서암화상이 매일 주인공을 스스로 부르고는 다시 스스로 응낙하면서, 깨어 있는 정신으로 나타나라는 말이다.

다른 때나 다른 날에 남에게 속임을 당하지 마라 그렇지, 그렇지 하고 자문자답 하였다는 일화에서 나온 유명한 공안이다. 흔히 주인공은 진아나 불성으로 풀이된다.

위 시는 모두 여섯 수로 이루어진 작품으로 조선불교통사에서는 이 시의 제목을 해양의 불교신자 십여 사람이 암자에 와서 법을 구하기에 서암의 '주인공' 화두를 들어 이에 일곱 가지 게를 설하였다라고 하였다.

전체적인 내용을 요약해 보면 다음과 같다.

첫 수에서는 선행을, 둘째 수에서는 말조심을 셋째 수에는 10악죄에서의 탈피를, 넷째 수에는 허송세월하지 말 것을, 다섯째 수에서는 정신을 차리고 살 것을 강조하고 있다. 마지막 수에서는 '주인공' 의 정체가 과연 무엇인가 의문을 던지고 있다. 마음도,

부처도, 물건도 아니라고 했다. '주인공' 이라고 이름 지어 부르기는 하지만, 그 또한 무엇인지 모른다는 것이다.

무의자의 스승이었던 지눌스님은 '심즉불心卽佛' 이론을 바탕으로 한 돈오점수頓悟漸修의 선정 수행을 강조한 인물이다. 이런 사상적 기초 위에서 정혜결사定慧結社 운동을 일으켜 수선사를 세웠을 뿐만 아니라 그 법맥을 무의자에게 잇도록 하였던 것이다. 그런데, 왜 무의자는 '주인공' 이 마음도 부처도 아니라고 했을까?

일찍이 '선禪' 의 검객이라고 불리던 남전은 '길에서 검객을 만나면 검을 바치고 시인을 만나면 시를 바쳐라' 라고 하였다. 이는 있는 그대로 보라는 뜻이다. 따라서 자문자답하는 나는 마음도 아니요, 부처도 아니다. 더더욱 물건도 아니다. 진작부터 주인공이라 불러왔지만 그것도 하나의 이름이지 '주인공' 의 본질 자체는 아니다.

따라서 '주인공' 의 본질에 접근하기 위해서는 있는 그대로의 '주인공' 자체를 우선으로 보아야 한다.

'미친 말' 이라고 불릴 정도로 파격적인 선기를 내 보였던 당나라의 선승 임제는 '부처를 만나면 부처를 죽이고, 조사를 만나면 조사를 죽이고, 나한을 만나면 나한을 죽이고, 부모를 만나면 부모 일지라도 죽여라' 라는 유명한 해탈 법문을 남겼다.

아무것도 구애받지 않는 최상의 자유를 얻을 때 비로서 완전히 자유로운 인간, 곧 해탈의 경지에 이를 수 있다는 가르침이다. 따라서 무의자가 '주인공'을 부정한 것은 단순한 부정이 아닌 것이다.

첫째 수에서 다섯째 수에 이르기까지 가르침을 모두 실현하고 나서, '주인공' 자체를 있는 그대로 보고 난 뒤에 '주인공'이라는 임시 방편의 이름 곧 허상을 완전히 부정할 때 비로서 '주인공' 진아眞我, 불성佛性을 얻을 수 있다는 논리다.

다음 시 또한 '주인공'을 찾을 것을 선배에게 당부하는 시를 보자.

아상과我相과 인상人相의 산 아래선 삼독三毒을 만나고
역경逆境과 순경巡境의 길에서는 팔풍八風을 만나지요
혹, 업고業苦가 어지러워 제지하기 어려우니
마땅히 자주자주 주인공을 부르시라.

–「김선배께 답함」 전문

온통 불가 용어로 이루어진 시이다.

같은 길을 가는 선배에게 주는 시이기 때문이리라.

삼독이나, 팔풍, 삼도 이는 모두 인간 모두에게 내재되어 있는 불성을 해치는 욕망의 총칭이다.

이들을 극복하고 본연의 불성 본래면목을 회복하기 위해 부단한 노력 없이 '주인공'을 탐색해 나갈 것을 위 시에서는 당부하고 있다.

무의자 스스로가 연못의 잔잔한 수면 위에 너는 누구냐? 라고

질문 하듯이 '주인공' 탐색 수행방법을 선배에게 제시하고 있는 것이다'

이런 당부는 앞의 두 시에서 보았듯이 승속을 가리지 않는다. '주인공'을 찾는 일은 누구나에게 중요한 일이기 때문이다.

> 이름이 대혼大昏이라 어두운 곳에서 잠만 잘까 두려우니,
> 모름지기 향긋한 차 자주 달여 마시게나.
> 날마다 염불을 하는 것은 본래부터 꿈속의 일이니,
> 부처님 본부를 받잡거든 그대는 전하시게.
>
> -「대혼 상인이 차를 마시며 시를 달라기에」 전문

차를 얻으러 온 승려의 이름이 대혼大昏이었던 모양이다.

이에 무의자는 그에게 차를 나눠 주며 그의 이름을 빌려서 시 한 수를 짓는다. 이름처럼 어두운 곳에서 잠만 자지 말란다. 산다는 것이 본래 '한바탕 꿈' 대혼이거늘, 잠에서 깨어 행하는 염불도 수행도 꿈속의 일이다. 나아가 '한소식' 듣는 것도 꿈속의 일이다. 차 마시며 정신차려 대혼 속에서 열심히 수행해 해탈하길 바라는 내용이다.

불교는 흔히 불립문자不立文字라고 한다. 더 정확하게 이야기 하면 선禪을 불립 문자라고 한다. 그런데 무의자는 위 시에서 '대혼大昏'이란 이름을 빌려 대혼이란 사람을 대혼이라 부르면서 충고를 하고 있다.

흔히 선문에서 달이란 존재를 깨우쳐 주기 위해 달을 가르치듯이, 상대의 존재를 깨우쳐 주기 위한 방법으로 현상계의 상대 이름, 나아가 상대의 '주인공' 을 불러 주의를 환기 시키고 있는 것이다.

이러한 방법이 구사된 또 다른 시를 보기로 하자.

> 실제는 본래부터 잠잠하니 고요하고,
> 신기는 저절로 영험하고 밝도다.
> 운명을 따르고 허랑한 생각 잊는다면,
> *혼침昏沈, **도거掉擧 두 기둥에 무슨 상관이 있을소냐?
> 정신이 맑디 맑아 잊음 없는 것이 진眞이요
> 고요히 분별치 않음이 바로 일一이라
> 다만 그대 이름 저버리지 않으면 되는 것을,
> 무엇하러 다른 방법을 쓰려는가?

* 혼침昏沈 : 어둠이 내리는 것
** 도거掉擧 : 크게 흔들리는 것

–「진일상인이 와서 말하기를」 전문

진일 상인이 와서 말하기를, "저는 타고난 성품이 산란하여 능히 다스릴 수 없으며, 혹 고요한 곳에 엎드려 있더라도 곧 마음이 우울하여 아무것도 할 수 없는 상태에 빠지게 됩니다. 오로지 이 두 가지가 병인데 청컨대 법문을 배워 이 병을 다스릴 처방을 삼고자 합니다" 하였다.

진일이란 승려가 마음이 산란하고 우울한 성벽이 있어 수행의 괴로움을 느끼고 있었던 모양이다. 이에 무의자는 '진일眞一' 이란 이름을 풀어 그에게 처방을 내려준다.

맑은 정신으로 무분별지를 얻는 것이 바로 '진일眞一' 이란다. 이름에 걸맞은 자세로 수행 정진하라는 뜻이다.

유가식으로 말한다면 명실이 상부한 존재가 되라는 말이다.

정명을 예기한 것이다.

그런데 명실이 상부한 존재가 되라는 말을 불가적으로 바꾸어 표현하면 본래 면목과 부합하는 인간이 되라는 말이다.

현상적으로 "아무개야!" 하고 부를 때 다름아닌 아무개가 "예" 하고 대답하듯이 아무개라고 부르는 손가락질을 통해서만이 본래의 '주인공' 을 확인할 수 있는 것이다. 결국 '주인공' 은 이름이라는 일상의 형식을 통해서만이 설명할 수 있고 다른 개체와 식별될 수 있는 것이다.

그런 연유에서 무의자는 후학들의 이름을 풀어 그들 각각에게 깨우침을 주는 방법을 자주 사용하였다고 본다.

아래의 네 편의 시들은 시자 스님들이 게송을 구하길래 라는 큰 제목 아래에 함께 묶여 실린 작품들이다. 두 작품씩 차례로 보자.

마음을 깨달아야 큰 도에 이르나니
범인과 성인은 한데 묶을 수 없는 법

희구希求하면 곧 조사가 될 수 있나니
끊임없이 바다 향한 시냇물을 배우도록 하거라.

-「희조希祖에게 보여 줌」 전문

미혹의 바람이 깨우침의 바다를 일렁이니
깨우침의 바다에 빈 물거품이 생겨난다.
빈 물거품에 *삼유三有가 들어붙어,
삼유가 잠시 동안 머무른다.
바람이 잠들면 물결은 저절로 고요하고,
거품도 사라져서 생겨날 수 없도다.
잠잠한 절벽의 물가를,
돌아봐도 물결은 아득하기만.

* 삼유三有: 생유生有, 본유本有, 사유死有의 통칭

먼저 법호가 희조와 현담인 두 제자에게 주는 시이다.

희조에게는 바다를 향한 시냇물처럼 끊임없이 조사를 희구하면 마침내 깨달음의 경지에 오를 수 있다는 가르침을 주고 있다.

희조라는 현상계의 임시 방편의 이름에서 방법을 찾아 수행에 정진하라는 말이다.

현담에게는 물가의 절벽처럼 담담하라고 한다. 아니 담담의 경지를 넘어 현담이라고 한다. 아무리 미혹의 바람이 깨우침의 바다를 출렁이어 삼유의 거품이 일게 하더라도 자아를 잃지 말고 절벽처럼 의연하라는 가르침이다. 이 시 또한 제자들의 이름을 풀어 깨우침을 주는 내용이다.

다음은 계속해서 요묵了嘿과 자한自閑이란 제자에게 내려 준 시이다.

마음은 항상 슬기롭고 입은 항상 닫고 있어,
장차 바보랑 짝할 듯하니 비로소 방편을 얻었구나.
스승의 문하에서 뛰어난 재주 내 보이지 않으니,
이는 한 소식하는 데 아주 좋은 방편이라.

－「요묵에게 보여 줌」 전문

종일토록 청산은 흰 구름 속에 있고
흰 구름은 하루 종일 청산에 있도다.
산이 구름을 돌아보지 않아도 구름은 산을 좋아하니,
산과 흰 구름 모두가 스스로 한가하다.

－「자한에게 보여 줌」 전문

요묵은 이름처럼 과묵한 제자였던 모양이다. 그리고 확실히 알 수 없지만 아주 겸손하거나 총기가 없는 다소 둔한 승려였을 성싶다. 사실 수행 성불하는데는 다소 우둔한 성품이 보다 낫다는 말이 있다. 그래서 무의자 또한 그에게 아주 좋은 방편을 얻었다고 인정하고 있다. 이 인정은 그런 품성을 잃지 말고 더욱 정진하라는 격려인 것이다.

자한이에게는 청산과 백운을 빌려 그의 이름을 풀이해 주고 있다. 그 둘은 하루종일 함께하지만 서로가 재촉함 없이 스스로 한가하다는 뜻이다. 자한에게 청산과 백운 같은 자한의 경지를 얻을 수 있도록 노력하라는 무의자의 당부가 여기 담겨 있는 것이다.

어쨌거나 무의자는 수행의 틈틈이 도반이나 제자들에게 이름 현상계에서 편의상 붙인 주인공의 이름에 걸맞은 승려가 되기를 당부하거나 수행을 해 나갈 길을 제시하고 있다. 그런데 사찰에서는 서로간에 승려들의 법호를 부르기도 하지만, 때로는 각자 맡은 소임을 이름처럼 부르기도 한다. '원주 스님, 지객 스님' 이니 하는 칭호가 그것이다. 이 소임 또한 주인공을 부르는 현상계의 또 다른 이름이라 할 수 있다.

다음은 소임의 칭호를 통해서 가르침을 준 시이다.

> 듣자하니, 옛 선화는 흙덩이 깨지는 소리를 듣고,
> 홀연히 삼천계를 깨우쳤다지.
> 분부하노니, 괭이자루 네가 지녀 가져서,
> 그대 몸을 따라다녀 자재할 수 있게 하라
>
> –「검원두가 송을 지어 달라길래」 전문

원두는 사찰에서 채소밭을 가꾸는 소임을 맡은 승려를 지칭하는 말이다. 성이 검인 원두 스님 하나가 무의자에게 시를 청했던 모양이다. 이에 무의자는 땅을 파던 옛 선화가 문득 해탈하였던 일화를 빌려, 소임에 충실할 것을 권면하고 있다.

해탈이란 반듯이 어떤 특별한 형식을 지닌 수행에 동반하는 것이 아님을 이야기하고 있는 것이다.

자신이 원두로 불릴 때 원두는 곧 자신의 외양이며, 또 다른 자신인 것이다. 무의자가 물에 비친 자신의 모습을 비추어 보며 본질적인 자아를 모색하였던 일처럼 원두는 원두로서의 일상의 임무를 자각하고 이를 통하여 자신의 본질을 추구해야 한다는 것이다.

이처럼 주인공 화두를 통하여 선정 수행과 교화에 골몰했던 승려 무의자의 모습을 살펴보았다. 이제부터는 수행의 여가에 끓어오르는 시심을 토로한 일련의 시들을 통해, 승려이자 한 사람의 시인으로서의 무의자의 일상적인 면모를 살펴보기로 한다.

> 사신의 그림자가 조계수로 떨어져,
> 휘황찬란한 광채가 천지간을 비추누나.
> 위엄으로 빈한한 중 위협해도 어찌 수가 없으리니,
> 비로소 아시리라, 중이란 코뚜레로 꿸 수 없는 소 같은 존재임을.
> 조정에서 불렀지만 응하지 않고 이 시를 지었음.
>
> -「황중사의 시를 차운해서」 전문

중사란 서울에서 온 사신을 부르는 말이며 조계수는 실제의 물을 가리키는 것이 아니라 지금의 송광사 즉 옛 수선사 절을 빗대어 쓴 표현이다. 황씨 성을 가진 사신이 조칙 칙서를 가지고 도성에서 내려 온 모양이다. 몇 차례 왕의 부름에도 결코 도성 안에 발을 들여 놓지 않았다는 비문의 일화로 보아, 아마 이때에도 왕이 서울로 불렀던 모양이다.

아무리 위협해도 응하지 않겠다는 결의를 내보이고 있는데 자신을 콧구멍 없는 소로 비유해 코뚜레로 꿰어 갈 수 없을 것이라 한다.

다시 말하면 이 결의는 선승으로서의 자기 본분에 충실할 것을 나아가 수선사를 기반으로 하여 선풍을 진작시켜야 하는 사주로서의 자기 직분에 충실할 것을 역으로 나타내 보인 것이라고 하겠다.

다음 시 또한, 정치 집단과 일정한 거리를 두고 있는 무의자 자신의 모습이 투영된 작품이다.

산 꿩이 알을 놓았다. 무성한 풀숲에다
사람들이 가져다가 닭 둥지에 넣었다.
닭은 사심 없이 모두 쪼아 알을 깠다,
꿩이 점점 자라나서 닭의 뜻에 어긋났다.
종자가 다르면 끝끝내 어쩔 수 없지마는,
고요히 생각하니 마음에 깨우침이 있도다.
이와 달리 올빼미를 생각해 보면 새끼가 어미를 잡아먹지요,
그대에게 감사드리는 일 줄었지만 그대의 마음만은 알고 있답니다.

–「어떤 일을 보고 느끼는 바가 있어서」 전문

무신 집권기는 이전까지 성행하던 교종이 몰락하고 대신 선종이 부상하던 시기이다.

왕권 지배체제에 결탁하여 거대한 세력을 형성하였던 교종은 새로운 무신 집권체제에 대항, 여러 차례에 걸쳐 봉기를 일으킨다. 특히 1217년에는 거란 병을 물리치고자 출동했던 승군들이 도리어 최충헌을 공격하는 사건마저 발생하였다. 비대한 사원 경제를 바탕으로 승병을 갖추고 체제를 위협하는 기존의 교종 세력을 최씨 정권은 좌시할 수만은 없었다. 무자비한 진압을 자행한 것이다. 결국 최씨 정권은 체제 저항적이며 부패 혼탁한 교종 세력을 배격하게 되었으며, 마침내 심산유곡에서 개인의 철저한 수행을 위주로 하는 정혜결사 운동의 산물인 수선사를 물심양면에서 지원하게 되었던 것이다.

그런데, 무의자는 최씨 정권의 지원을 받으면서도 거기에 크게 동조하거나 참여하지 않는 것으로 보인다. 무의자 비문에 보면, 특히 최우는 무의자에게 지원을 아끼지 않는 것으로 나타났다. 그럼에도 이에 대해 무의자는 덤덤할 정도로 별 반응이 없다. 다만 감사의 편지를 올리는 정도이다. 아마도 선풍을 진작하는 데 있어서, 정치 현실에 관한 참여는 방해요인이라고 인식한 듯싶다. 어쨌거나 무인 정권에 대해 무의자는 일정한 거리를 두고, 공간적으로도 끝내 도성 안으로 입성하지 않는다. 한 사람의 선승으로 본분에 충실하면서 남녘땅의 산간에서 수행에만 정진한 것이다.

위의 시는 아마도 최우나 혹은 무신 정권의 핵심 인물에게 올리는 작품으로 여겨진다. 닭이 꿩알을 품어 깨어나도 닭은 닭이요, 꿩은 꿩이라는 내용으로 시가 전개된다. 끝내 종자가 다르면 어쩔 수 없음을 인정해야 한다는 것이다. 당신은 속인이자 세력가로서 번화한 성 안에서 살고 있지만, 나는 일개 승려로서 궁벽진 산 속에서 살아가는 존재임을 밝혀 상호간을 구분하는 선을 분명하게 긋고 있다. 현실적으로 여러 가지 지원을 받고 있지만 선승 집단의 대표자로서의 자신의 위치와 처신을 상대방에게 확인시켜 주고 있음이다.

그리고 같은 종자라도 올빼미는 새끼가 어미를 잡아먹기도 한다고 하면서 비록 종자는 다르지만 언제나 감사의 마음을 잊지 않고 있다고 매듭지었다. 꼭 동료가 되어야만 이로운 것은 아니다는 말이며, 선명하게 밝히는 대목이다. 함께 정치 현실에 참여할 수는 없지만 국가의 안녕은 산사에서나마 기원하고 있다는 뜻이리라.

나라의 부름도 당국자의 부름도 거부하고 절간에 틀어박혀 참선에나 몰두하고픈 무의자의 심회가 드러나는 시가 이 시이다.

절간에 주인이 돼도 이 또한 걱정이니,
세상 싫은 승려들이 귀찮게도 찾아든다.
바위 사이 뚫린 길은 이끼 길러 막아두고,
바닷가에 솟은 산은 사립 닫아 밀쳐둔다.

종일 부는 솔바람은 맑은 소리 듣기 좋고,
때 맞춰 뜨는 산의 달은 내 좋은 친구로다.
다행히 내 집은 저절로 속박을 벗었으니,
일생을 운수의 마음으로 살아갈까 맹세한다.

-「천관산 의상암에서」 전문

수선사를 벗어나 천관산 의상암으로 잠시 거처를 옮겨 지내면서 지은 시이다. 주지의 지위도 무의자 개인의 수행에는 무척이나 번거로운 자리였던 모양이다. 그래서 절집을 찾아오는 길을 막고 닫는다. 홀로 대 자유를 만끽한다.

솔바람 산달과 벗하며 유유자적하는 모습이다. 주지의 자리도 귀찮은 그에게 당연히 번화한 속세, 그것도 서울과 정치 현실은 차라리 잊고 싶은 것들이었으리라. 그런 무의자 기질 탓인지 그의 시에는 현실의 모습은 거의 반영되지 않는다. 철저한 수행자의 모습과 서정만이 그려지고 있다. 뒷날 원감국사 충지가 현실 세계를 사실적으로 그려 냈던 기풍과는 전혀 다른 양상이다.

산사의 구성원들은 물론 승려들이다. 무의자 또한 이들과의 관계 속에서 수행과 교화를 행하였던 존재이다. 따라서 이들과의 관계 속에서 지어진 시들이 곧잘 눈에 띄기도 한다. 간단히 몇 편만 보기로 한다.

먼저 사형의 부음을 듣고 지은 시이다.

올 때도 나 보다 먼저 오시더니,
갈 때도 나 보다 먼저 가셨구려.
진중하던 변사형이시여!
아득하게 혼자서 멀리도 떠나셨구려.
내 어찌 오래도록 머무르랴!
부질없는 인생살이 나그네 신세인 걸
가고 머문 발자취 돌이켜봐도,
털끝만큼이나 얻을 것이 없구려.

– 「변사형 부음을 듣고」 전문

화려한 수식이나 기교를 배제하고 복받치는 슬픔을 잔잔하게 표현한 작품이다. 사람들은 이 한세상 왔다가 가는 것이 인지상정이다. 자신 보다 먼저 왔던 사형이 먼저 갔다. 이제 머지않아 자신에게 닥칠 죽음도 감지가 된다. 그러나 돌이켜보면 부질없는 것이 인생살이 아니던가? 무엇 하나 얻은 것 없이 무소유 신분으로 돌아가는 것이다.

사형의 부음에 우선 인간적인 슬픔을 느끼면서 새삼스레 수행자로서 무소유를 깨우치는 무의자의 모습이 부각되는 작품이라고 하겠다.

앞서 서술한 시가 사형의 죽음을 애도한 시라면 다음에 소개되는 시는 선배에게 고마움을 전하는 시이다.

너무도 고마운 손, 문선생이시여
몇 줄기 대나무를 옮겨 온 이후.
눈앞에 더운 기운 사라지고,
창밖에 바람 소리 납니다.
어스름 저녁 빛엔 푸르스름 안개와 어울리고,
맑은 밤하늘엔 밝은 달빛이 새어납니다.
더욱 사랑스런 것은 찬비가 지난 후에
잎마다 매달린 이슬방울.

– 「문선배께서 대나무를 옮겨 심어 주심에 감사드리며」 전문

무의자의 처소에 대나무를 옮겨 준 문선배에게 감사의 마음을 전하는 시이다. 짧은 치사 뒤에 정취 어린 대나무 모습의 묘사가 이어진다. 청각과 시각적인 효과를 누린 수법이다. 더위를 사라지게 하는 댓잎에 스치는 바람소리, 안개에 덮인 대나무의 실루엣, 하늘대는 잎 사이로 부서지는 달빛, 잎에 매달린 이슬방울 모두가 정감어린 모습이다. 번다한 감사의 말씀보다는 오히려 대나무의 운치 넘치는 여러 모습들을 곱게 그려 냄으로써, 대나무를 전해 준 선배에게 고마운 마음을 감동적으로 전하고 있다. 나아가 두 사람 사이에 흐르는 담박하고 따뜻한 애정까지도 느껴진다.

지금부터 살펴볼 작품들은 승려의 손길이라고 느끼기 어려울 정도로 무의자의 서정이 무르녹아 있는 시들이다. 시인으로서의 무의자의 섬세하고도 고운 정감이 녹아 있는 작품이다.

비 개인 뒤 시원스레
목욕하고 나온 듯,
내가 엉겨
푸르름은 방울져 떨어질 듯.
뚫어지게 바라보다
정다운 시 읊조리니,
온 몸이
차고도 푸르다.

-「비 개인 뒤의 솔뫼」 전문

비 개인 뒤의 상쾌한 정서가 어여쁜 시어를 통해 톡톡 튀어나는 느낌이다. 눈앞에 전개 되는 산천이 마치 비에 씻겨 목욕이라도 시킨 양 상큼하다. 내까지 덮여 그 푸르름에 물방울이 듣는 듯하다. 여기에 정겨운 시가지 읊조려 보니 마음은 벌써이고 몸까지도 서늘한 게 푸르름이 번져나는 기분이다. 이렇듯 무의자는 선시와 서정을 포함한 시인이자 승려다.

마지막 작품으로 봄을 시간적 배경으로 하고 있는 작품을 보도록 하자.

봄이 장차 저무는 걸 남몰래 슬피 여겨,
조그만 꽃밭에서 시 한 수를 읊노라.

잎사귀에 바람 부니 놀란 듯 푸름이 날리고,
꽃잎에 비 내리니 나풀대며 붉은빛이 떨어진다.

나비란 놈은 붉은 꽃술 물고 가고,
꾀꼬리란 놈은 푸른 버들눈을 맞아 온다.

향긋하니 보드랍고 따스한 봄날 일
새순들은 솔잎과 댓잎처럼 차고도 담박한 모습일세.

—「봄이 가는 것이 슬퍼서」 전문

이 시 또한 무의자의 색감이 도드라지는 작품의 하나이다.

'잎사귀에 바람 부니 놀란 듯 푸르름이 날리고, 꽃잎에 비 내리니 나풀대며 붉은 빛이 떨어진다' 는 것은 직설이나 그런데, '나비란 놈은 붉은 꽃술 물고 가고, 꾀꼬리란 놈은 푸른 버들눈을 맞아 온다'

가히 생각하지 못할 입체적이다.

색깔을 이용하여 봄이가고 여름이 다가오는 자연 현상을 함축적으로 묘사하고 있으니, 그의 탁월한 색감과 문학적 감수성을 인정하지 않을 수 없는 것이다.

이 부분을 풀어서 설명하면 다음과 같다. 나비가 꽃을 빨다 날아가면 마침내 봄이 가고 꽃이 져서 꽃술은 사라지게 됨이요, 꾀꼬리가 날아들어 울기 시작하면 버드나무 가지가 눈이 터서 푸른

빛이 들게 된다는 말이다. 참으로 '향긋하니 보드랍고 따스한 봄날 일' 답게 표현한 대목이라 아니할 수 없겠다.

청정한 비구로서 담박하면서도 해맑은 그의 정신적 내면의 세계와 마음의 내재율을 들여다 볼 수 있는 것이 선시가 아닌가 싶다.

그 외의 작품 중 '전몰암에 잠시 살면서' 세 수를 보면 선승으로서의 진면목을 볼 수 있다.

옛 바위 굴
그 속에 한 암자가 있으니,
이름하여 전몰암.
내 이 암자에 깃들여 살면서
다만 하하 웃을 뿐
말하기 어려우이.

입술 이그러진 바릿대와
다리 부러진 솥으로,
죽 끓이고 차 끓이고
애오라지 하루해를 보내노라.

게을러서 쓸지 않고
풀도 베지 않음에,
마당풀이 구름같이 자라나서
무릎이 빠지도록 깊으다.

느즈막 일어남에
아침나절 인시를 모르고,
일찌감치 자리 들어
황혼의 술시도 기다리지 않아

얼굴도 씻지 않고
머리도 깍지 않고
불경도 보지 않고
계율도 지키 잖고

향불도 사르잖고
좌선도 하지 않고
조사께 부처께도
예불도 드리 잖고
사람이 와서 괴이 여겨
무슨 종파인가 물으면
일이삼사오육칠이라
대답할 뿐

말을 않고
비밀 지켜
집안 흉이
바깥에 드러나지 않는다오.

–「오봉산 앞」 전문

마하반야바라밀……

부처가 따로 없다는 격이다.

옛날 덕산 스님은 토굴 생활을 하면서 보름달이 뜨면 박장대소를 하여 인근 주민들은 미친 중으로 비쳐진 것과도 같다.

자연과 한데 어울려서 사는 모습이다.

바위굴 속에서 수행하면서 행주좌와 어묵동정하면서 시간과 공간에 구애 없이 대 자유인으로서 삼라만상을 자연 그대로를 끌어안으면서 본분인 일대사를 궁구하였을 것이다.

오로지 물질과는 단연한 자연인으로서의 삶을 엿 볼 수 있겠다.

십수 년 전 마의태자가 살았다는 월악산 신륵사에 들렀다가 문경 새재 쪽으로 발길을 돌렸는데, 때는 가을철이라 동행한 스님이 우리 송이나 좀 구경이나 합시다. 하여, 스님을 따라 십 리 정도 산행을 하며 여기 저기 산을 기웃 거리다가 송이버섯과 능이를 발견하고 심마니가 다 된 양 정신없이 산을 뒤적뒤적 거리다 어느덧 가을 석양이 노을로 물들 무렵 난데없이 저녁 예불소리가 들려서 스님과 함께 발길을 종소리가 나는 방향으로 향하였다. 이윽고, 사람이 다니는 길을 발견하고 그 길을 따라 산을 올랐는데 깊은 산중에 작은 토굴이 보였다.

도착하여 스님하고 불렀는데 대답도 없어 두리번 두리번 하던 차에 남루한 옷에 긴 수염하며 산발한 머리카락에 우리는 놀랐다.

대뜸 하는 소리가 어디서 무엇하러 이 산중에 왔느냐는 식이다.

우리는 그래도 같은 처지의 승속이라 예를 갖추고 이 깊은 산중에 오시게 된 동기를 여쭈었고 무슨 종파냐 물었더니 이보시오! 우리는 부처님 일불제자가 아닙니까? 하면서 다그치더니 법주사 문중이오만 스님네는 어떻게 여기까지 왔느냐는 식이다.

나중에 알고 본즉, 이 스님은 초근목피로 생계를 유지하면서 속세와는 단절을 하고 사시는데 한때는 강원시절 명성을 날리던 스님이셨다.

아무튼 자연으로 귀결 되는 생사를 일찍이 초탈하고자 관철한 스님 우리네가 말하는 도道가 크게는 물정을 벗어남으로써 이루어진다는 것을 암시 하는 것 같았다.

3. 죽존자존竹尊者傳

이 글은 산문으로 문체가 빼어나게 수려하고 미려하여, 누구나 여염집 군자나 지적인 미모를 갖추고 덕망을 중시하고자 한다면, 그 편린에 나서 나열하고자 한다.

대나무의 성은 퉁소이고, 휘는 맑은 그릇이며, 자는 군자에 비유함으로 큰 모래밭의 할아버지이자 기름진 땅의 아우라지만, 부모의 관향은 알 수 없다.

그는 물가와 상강의 언덕에서 놀기를 좋아하여 바람과 달에 취하고 눈과 서리에 배를 불리니 기골이 냉담하고 정신은 맑으며 절개가 높고 격조가 있어 그 고상함을 대강 알 수 있다.

당나라의 소열과 이태백 송나라의 노황, 문여가와 고려대의 정공, 정찬 등이 모두 절실한 친구로 가장 정이 두텁고 친한데다가, 또 그림을 잘 그려서 그들이 그린 그림은 이 세상에서 보배로 여겨왔다.

존자(대나무)의 덕은, 이루 다 기록할 수 없으나 열 가지를 상재하여 본다.

첫째, 태어나자마자 곧 빼어난 모습이다.

둘째, 늙을수록 더 굳세어 진다.

셋째, 그 무늬가 고르고 청순하다.

넷째, 그 성품이 맑고도 시원하다.

다섯째, 그 소리가 즐길 만하다.

여섯째, 얼굴이 사시에 푸르다.

일곱째, 마음을 비우고서 사물에 응한다.

여덟째, 절개를 지켜 추위에도 견뎌낸다.

아홉째, 그 흠모하는 맛이 인간을 다스린다.

열번째, 많은 재목으로 세상을 이롭게 한다.

그 외, 명월을 벗한다. 청풍을 안고 산다.

그리고 때때로 공양을 배풀어서 상서로운 봉황을 부르기도 하고, 어떤 곳에서는 신통함을 나타내어서 사나운 용을 교화하기도 한다고 한다.

비록 온 세상에 몸을 나누어 존재하면서도 항상 숭상하고 기리는 탓에 당시 고고한 선비들이 존자尊者라는 시호를 받쳤다.

높은 절개에 커다란 키는
늙어도 시듦이 없고,
일평생 풍골은
스스로 맑고도 여위였네.

그대 긴 대를 사랑해서
존자로 삼아,
도리어 겨울날의 소나무를 장부라
부르는 걸 비웃누나.

함께하던 선승은
보이지 않거늘,
법을 듣던 돌 호랑이
부질없이 남았구려.

가을빛을 장난삼아 가져다가
바릿대에 바치나니.
달 뭉개고 바람헤쳐
배불릴 수 있을까 없을까?

무의자 진각국사는 이렇게 한 겨울에 시를 지어 찬미 하면서 자신의 내면을 스스로 들여다보면서 게송을 읊은 것이다.

또 기축년 겨울에 읊기를

나는 대나무를
사랑하노니,
추위와 더위에도
끄떡도 않고.

세월이 흐를수록
마디 더욱 굳어지고,
날이 오랠수록
마음 더욱 비운다오.

달빛 아래에서
맑은 그림자 희롱하고,
바람 앞에선
범음梵音을 띄우나니,

하얗게 머리에다
눈을 맞으면,
눈에 띄는 정취가
절간에 솟아나네

이렇게 찬미하였다.

－「죽존자전」 전문에서

4. 빙도자전氷道者傳

빙도자전은 얼음을 비유한 글로서 무의자 진각국사 스님의 박식한 면과 역시 수려한 문체를 엿볼 수 있다.

도자道者의 성씨는 음씨陰氏이고 휘諱는 응정凝淨이며 자字 교연皎然이니, 수향水鄕의 사람이다.

그의 아버지는 현영玄英이고, 어머니는 청녀靑女라고 한다.

그의 어머니가 꿈에 바람과 서리를 보고 깨어나 임신하여 열 달 후에 낳았는데, 아기의 온몸은 유리처럼 환한데다, 기골은 쇠나 돌처럼 단단하였다.

어렸을 때 풍혈사風穴寺 머물렀는데, 뜻을 깨끗이 하고 몸가짐을 단속하므로 그 모습이 단엄하고 차가워서 침범할 수가 없었다.

자라서는 한산寒山의 상화霜華, 설두雪竇를 두루 찾아가 그윽한 인기를 받았지만, 땅에서는 골짜기에 있었으므로 세상에서는 아는 사람이 없었다.

무의자 스님이 한 번 보고 신기하게 여겨서 이에 추천하여 승려로 만들고 빙도자氷道者라는 호를 주었다.

이로부터 그 이름이 사방에 퍼지게 되었다. 소주韶州 현령縣令 양돌부陽突夫 태양사太陽寺 주지로 청했지만 부임하지 않다가 음성陰城 군수郡守 엄대응嚴大凝이 본래 불도를 믿어 계곡의 추운자리 비워놓고 공公을 세상에 나오게 하니, 납자納子들이 구름처럼 모여 들었다.

개당開堂하는 날에 어떤 사람이 그에게 물었다.

"스님께서는 어떤 집안의 곡을 노래하며 누구의 종풍宗風을 이어 받았습니까?"

"설두雪頭의 입을 벌려 상화相火의 기운을 냅지요."

"법에는 취하고 버림이 없거늘, 어째서 태양사의 부름에는 가지 않으셨는지요?"

"그건, 그대가 간여할 바가 아닙니다."

"추위가 오면 불 곁으로 가야하거늘, 스님께서는 왜 불곁으로 가시지 않는지요?"

"그대가 간여할 바가 아닙니다."

"추위가 오면 불 곁으로 가야 하거늘, 스님께서는 왜 불 곁으로 가시지 않는지요?"

"나는 추위를 두려워하지 않는다네."

나아가 묻기를,

"모두가 익혀 먹을 때에 날것을 드십니다"하였다.

"나는 먹지를 않느니라."

"삼세의 여러 부처께서는 불꽃 속에서 커다란 법륜을 굴리시는데, 스님께서도 기꺼이 그렇게 하시겠습니까?"

무의자가 말하였다.

"구름과 달은 같지만, 골짜기와 산은 각각 다르나니라."

"조주선사께서 '저 위 도솔천에는 아마도 등을 지는 이런 해가 없으리니' 하셨는데, 스님께서는 도리어 등을 지십니까?"

"나는 곤궁한 귀신과는 다르나니라."

"무엇이 방안의 하나의 등불입니까?"

"보려므나."

"섣달의 달님이 산을 크게 태울 때는 어떻습니까?"

"그만 두거라. 말이 많으면 도에서 멀어지느니."

그리고 이내 말하였다.

"내 마음은 가을 달처럼 맑고 깨끗한 푸른 못 같아서 아무것도 여기에 견줄 것이 없거늘, 내게 어떤 것을 말하려 하는가?"

그러고는 한참 후에 말하였다.

새벽 하늘에 구름은 깨끗하고
된서리는 하얗거늘,
천만의 산봉우리는
찬 빛을 감추었다.

사람들은 모두 그를 이상하게 여겼으니, 그는 평생 먹지도 않아도 배고파하지 않고, 목욕을 하지 않아도 때가 없었으며, 옆구리는 자리에 닿지 않았고, 발은 티끌을 밟지 않았으며, 겨울에도 불을 피우지 않았고, 여름에도 결제를 하지 않았다. 그러다가는 겨울날 납자들이 차로 점심을 대신하는 날 저녁에는 그는 반듯이 조두俎豆에 이르렀으니, 그 가운데에서 말도 하지 않고 웃지도 않으면서 아침까지 오똑하게 앉아서 눈도 깜빡하지 않았다. 까닭에 납자들은 그를 사랑해서 돌아가는 것조차 잊었다.

그는 항상 대중들에게 말하기를,

"쉬고 쉬어 서늘하고 차갑게 하라. 한 가닥 하얀 비단처럼 깨끗이 하라."

하였으니, 그것은 상화霜華의 혈맥을 잊지 않았기 때문이다.

하루는 그 문인들에게 말하기를,

"내가 죽고 난 뒤에는 화장을 해 사리를 주워 세상 사람들을 현혹시키지 말고, 온 몸을 고향에 묻도록 하여라. 꼭 꼭 부탁하느니라. 하고 이내 게송을 읊었다.

온몸 어둡지 않던
신령한 그 광명,
껍질 모두 꿰뚫어
감춘 것이 없어라.

잠깐 사이 물이 됨을
이상하게 생각마라,
무상이 진실임을
보이려는 까닭이라.

말을 마치자, 고요히 임종을 하였다.

그의 시호를 융일선사融一禪師라 하고, 탑의 이름을 징명澄明이라 하였다.

그가 머리를 깎고 구족계를 받은 곳, 세속의 나이와 법랍은 모두 자세히 알 수 없다.

찬하노라.

어떤 이는 공은 평생에 간절簡節하고 엄숙해서 납자들을 접하기를 좋아하지 않았던 까닭에 사후에 뒤 이을 사람이 없어 슬프다 말하누나.

그렇지만 이는 전혀 옳지 않도다. 형상만 보고도 깨우치고 말하지 않아도 믿어서 가만히 통하고 남 몰래 증득한 사람들이 이루 셀 수 없지만, 상화와 설두의 도를 크게 떨친 사람이 이 사람만한 이가 없도다.

애석도다. 그의 단점은 더위를 미워한다는 것뿐이라. 그렇지만 불꽃을 향해 달려가는 것은 수도하는 사람들이 가장 꺼리는 바이니 또한 슬퍼할 게 없음이라.

이에 게송을 붙인다.

월굴月窟에 바람 고요하매
이슬은 족자에 서리고,
남전藍田에 날씨 따스하매

연기가 옥에서 이누나.

천 가지 세상의 비유로도
그 모양 말할 수 없음에,
슬퍼하고 찬탄하고 노래하고 읊조려도
언제나 부족토다.

밝기란 해와 같고
높기란 산 같은데,
물보다 차가웁고
옥보다도 밝아라.

갑자기 녹아내려
무상을 보였으니,
이 세상 깨치려는 노파심
이미 흡족하구나.

– 「빙도자전」 전문에서

무의자 진각국사께서 이렇듯 얼음에 비유하여 그 투명하고 밝음과 어느 날 물로 녹아내려 화한 것을 무상에 비유한 것이다.

문체가 수려하고 비유를 하는데 있어서도 걸림이 없다.

삼라만상의 무상한 뜻을 확철대오하라는 큰 스님의 경각심이 보이는 선시라 할 수 있다.

상사청용桑沙靑龍

어느 관음제일이었다. 어떤 보살님이 법당을 나오시며 무어라 중얼거리며 상기된 얼굴로 밖으로 나오고 있었다.

"보살님 왜 그러세요?"

하고 여쭈었더니

"스님 저 좀 봅시다." 하였다.

사연인즉 삼대독자가 있는데 무슨 팔자가 전생에 원수인지 사업만 했다하면 망조가 들어 이젠 가산까지 탕진하여 길거리에 나가 앉아 있게 될 신세라고 하였다. 거기에다 부처란 부처님은 다 친견하고 용하다는 점쟁이나 절에는 다 가보아도 그 모양 그 꼴이라고 하였다.

대뜸 하는 말씀이

"스님 부처님은 복을 주시기는 주는 기요?"

제발 복 좀 받게 해 달라고 했다.

"예 그러하지요, 그러믄 자제분을 데리고 주지 방에 오이소, 소승이 복을 반드시 드리지요, 제가 필히 약속 하지요."

또 투덜거리기 시작했다.

"이 놈의 팔자가 아이는 무척 착해 보이는데 어찌 이 꼴 일꼬"

하는 것이다. 서른댓 살 보이는 처사님 모양이었다. 알고 보니 대학을 나와 방위소집을 마치고는 사업을 한답시고 그렁저렁 친구나 만나고 카드 노름이나 하고 술이나 먹고 하는 놈팽이로 보였다.

"그래 자네 지금 무엇을 하냐?"

물었더니 뭐 별로 할 것이 없단다.

"그럼 대학에서는 무엇을 전공하였는가?"

하고 물었더니 식품영양학과를 나왔단다. 그리고 이젠 모든 것을 포기하고 구이집이나 하나 냈으면 좋겠는데 어머니가 허락을 해 주실는지 저도 이젠 양심의 가책을 느낀다는 것이다.

"그래 자네 말이야 어머니께서 자네 때문에 보통 고민이 아니던데 그 나이에 이젠 어머니 속 좀 그만 썩이고 뭘 해야 되지 않겠는가? 그래 구이집 밖에 할 게 없다 이 말이지? 자네 공무원 시험에 한번 응시 해 보지 그래?"

"아이고 스님 저는 이제 공부라 하면 신물이 납니더."

"그럼 말이야 스님이 자네에게 복을 내려 줄 테니 이제껏 부모 속이나 썩이고 망나니 행세를 했는 모양인데 나하고 몇 가지 약속을 할 수 있겠냐?"

그랬더니 약속을 지키겠다는 것이다.

"자 그럼 자네는 이제 아무것도 없는 백지 상태에서 구이집을 하고자 하는 것이 꿈이고 뜻이니 몇 가지 교훈을 하였다. 상사청용桑沙青龍이란 말을 잘 새겨듣게나."하고

"아무것도 없는 백사장에 너의 꿈과 뜻인 뽕나무를 심었더니 이 뽕나무가 날로 푸르러 용을 등천시키는 것이 상사청용桑沙青龍일세. 이러한 원대한 너의 꿈을 성사하려면 첫째 너는 수기안인修己安人하여야 해. 수기안인修己安人이란, 더러운 몸을 잘 갈고 다스려 닦음으로서 편안한 사람이 된다는 뜻으로 스스로 인덕이 있는 사람은 절로 복이 온다는 말이 있듯이 그렇게 인덕을 쌓아야 하네. 둘째는 지행합일知行合一이 되어야 하네. 이것은 뜻과 행동이 하나가 된다는 것인데 네가 하고자 하는 구이집이 뜻이 있다면 음식집으로서 맛에 승부를 낼 줄 알아야 해. 자, 생각해 보라구. 대구시내에 음식집이 지천에 널려 있단 말이야. 그래서 타인의 추종을 불허하는 맛의 최고 일인자가 되는 그 모양새를 갖추어야 해.

셋째로서는 지기추상持己秋霜인데, 구이집을 경영하는데 있어서의 자네의 그 담박한 마음이다. 돈이 손에 좀 들어 왔다고 술 마시고 노래하고 노름이나 하고 카드놀이나 한다면 자네의 꿈이 이루어지겠나? 그러니 담박한 마음을 가져야 한다. 옛말에 '남의 빚보증 서는 자식은 놓지도 말아라.' 라는 말도 잘 새겨드러야 할 말이네."

"예 스님 말씀 잘 새기겠습니다."

"그럼 됐다 갈 길도 멀고 하니 이젠 산을 내려가 보게"

그는 연신 꾸벅해댔다. 보살님을 불렀다.

"이제 아드님께 복을 다 주었으니 아드님이 하고자 하는 구이집을 작게 하나 마련해 주시지요."

"스님 덕에 이놈아 이게 마지막이다."

이 길로 산을 내려가 보살님은 아드님이 하고자 하는 일에 보탬을 주었고 아드님은 늘 수기안인 하고 매사에 늘 지행합일하고 늘 담박한 마음을 잃지 않았다. 지금도 대구 수성구 들안 길에서 장사 일에 열심히 하고 있다.

그 후 2년이 지난 초파일에 어엿한 여자를 데리고 왔다. 곧 결혼을 할 것인데 스님의 그 말씀을 듣고 하는 일이 잘 풀려 스님을 주례로 초빙을 하고 싶다 했다. 나는 고개를 저었다. 중이 무슨 주례를 하며 거절을 했고 축시 하나쯤은 써 보냈다.

삼생의
인연으로 맺어진
이 수승한 천생연분
꽃에 나비
승화하듯
솔향기
그윽한 송림의 터에

원앙새 한 쌍이
저리도 곱게 어울졌네

삶이란
생의 여정에서
노 저어 갈 등반자이기
사랑 화음 가득 싣고
청실홍실 엮어
저리도 곱게 꽃 물 졌네

하늘빛 청신남
구리빛 청시녀
일심으로 밝힌
동방화촉의 이상 나래에
상서로운 구름일고
환희로 내딛는
백년걸음의 기약마다
영원한 사랑과 행복이 있으라.

나는 축시를 족자로 해서 보냈다. 그 둘은 신혼여행을 이 동강으로 왔다 갔다. 실로 엄청난 변화다. 그저 대견스러웠다. 그렇다. 마음은 체가 없이 흔들리기 쉽고 지키기가 또한 어렵다. 지혜로운 자는 마음 쓰기를 활 만드는 사람이 화살을 곧게 잘 다듬어 쓰듯 하는 자이다. 나는 늘 수기안인한가, 나는 늘 지행합일한가, 나는 늘 지기추상한가를 마음에 늘 반문하여 하고자 하는 일에 장대한 큰 뜻을 기원해 본다.

오늘날 인간이 살고 있는 이 시대는 고도로 발달되어 첨단과학과 정보통신과 물질 만능 시대에 살고 있다. 그래서 인간의 내면적인 면을 비추어 볼 때 정신적인 지주가 나약하여 고귀한 한 삶을 보람되게 살지 못한다. 이는 장대한 큰 뜻을 참구하라는 생활 화두이니 이 화두를 가벼이 여겨서는 안 될 것이다.

나는 누구인가
수기안인修己安人 지상之像한가
나는 품은 뜻이 있어
지행합일知行合一 지상之像한가
나는 올바른 삶을 위해
지기추상持己秋霜한가
기도와 정진의
노력이 있다면
상사청용桑沙靑龍을 이룰 것이다.

인연

불가에서는 세상의 만남을 소중히 여겨 옷깃만 스쳐도 몇 겁 전생의 인연이 쌓인 것이라 한다. 사람과 사람의 만남을 소중히 여기는 것, 나아가 다른 생명체 아니 모든 존재들과의 만남을 소중히 여기는 것은 곧 사람과 생명체 그리고 모든 존재들에 대한 사랑이요 귀히 여김이라 하였다.

이 모두가 인연 따라 사라졌다 다시 나타나는 윤회전생의 현상 속에서 흐렸다 개었다 명암明暗이 엇갈리고 웃고 우는 인생의 희비喜悲가 만감으로 어우러져 퍼져가면서 행幸 불행不幸이 일고 고락苦樂으로 갈린다는 것이다.

인연이란 말은 두 가지 의미를 담고 있다고 한다. 보통은 선과 악의 업을 체념적으로 받아들일 때 쓰이는 것으로 '이것도 인연인데 어쩌고 저쩌고…' 하는 말이다.

이와는 달리 실질적인 의미로 위와 같은 연기椽起의 뜻을 담고 있다고 한다. 또한 일생을 이끄는 하나의 업이 인업引業이고 일생을 완성하는 많은 업이 만업滿業이라고 한다. 인업의 총체적 모습으로서의 과보, 총보업總報業이라고도 불린다. 하여튼 인연이란 말을 빼면 팔만대장경도 하루아침에 휴지가 될 것으로 생각한다.

세간의 선악을 판단하는 설정법인 형법에도 인연에 해당하는 인과관계因果關係라는 규정이 있다. 범죄의 원인과 결과 사이의 상관관계를 말하는 것이다. 논리적으로 따지기 좋아하는 법률가들은 조건설, 원인설, 상당인과관계설 등 수많은 학설을 주장하고 그 관계를 엄격히 제한하는 경향이 있다.

아무리 살인 범인이라 할지라도 그 관계가 입증되지 않으면 무죄를 선고하고 그대로 풀어준다. 흔히 "심증은 있으나 증거가 없다."는 말로서 말이다.

그러나 불법佛法에서는 어림없는 이야기다. 자기 죄를 아무리 부인하고 말하지 않아도 소용없다. 또한 죽어서 저승의 명경대明鏡臺에 비쳐보고 유무죄有無罪를 판단하지도 아니한다. 모든 사람들의 마음속에 이미 神將신장들이 들어가 있기 때문에 언젠가는 자기의 업따라 보報를 받게 되어 있다는 것이다.

업은 표면에 나타나는 행위의 밖으로 나타나지 아니하는 행위도 모든 포함해서 신身업, 구口업, 의意업의 삼업三業이라는 것이다. 그래서 불법이 넓고 크고 무섭고 결코 빠져나갈 수 없다는 것이다. 인간과 인간 사이에 가장 깊고 두꺼운 인연이 부모와 자식간의 연이요, 그 다음이 형제연, 부부연일 것이다. 부부의 연으로 오백생 인연이라 하였으니 그보다 깊은 부모 자식 간의 연은 몇 천생 인연이 아니겠는가.

그런데도 자식이 조금만 속을 썩이거나 공부만 못해도 '무자식이 상팔자' 라든지 '자식이 원수다' 라고 말하고, 심지어 '너는 내 자식이 아니야! 당장 내 눈앞에서 사라지라' 고 그 인연을 부정하고 막말들을 한다. 또한 자식은 염두에도 두지 않고 자가용 교환보다 쉽게 이혼을 한다. 이렇게 인연을 무시하거나 부정하고 헤프게 생각하는 부모 밑에는 필연적으로 문제아가 생기고 40대 대학교수가 자기 노부를 칼로 찔러 죽이는 사건까지 일어나는지 모르겠다.

자식이 부모의 마음과 기대를 저버리고 아무리 못된 짓을 해도 부모는 자업자득이라 생각하고 죽어서까지도 그 자식을 기다리고 사랑해야 한다.

'부모은중경父母恩重經' 에는 제 한몸 고통을 받더라도 자손이 잘 되기를 바라는 부모의 애틋한 마음이 잘 나타나 있다. 또한 자식은 부모가 아무리 못나고 무능해도 내 부모라는 천륜을 거역해서는 아니될 것이다.

우리는 개망나니 짓만 하던 패륜아도 기다리다 기다리다 지쳐 돌아가신 부모님 무덤 앞에서 뒤늦게 통곡하는 모습들을 가끔 보게 된다. 그래서 성경에도 '돌아온 탕아蕩兒' 라는 말이 나온다. 이것은 인연에는 끊을래야 끊을 수 없는 자장력이 있기 때문인가 한다.

그러나 이렇게 질기고 억센 연緣을 매정스럽고 모질게 철저히 끊어버린 사람들이 바로 부처님 기타는 성인聖人들인가 한다. 그 부모의 입장에서 보면 그분들도 한때 인간으로서 불효불의한 짓을 한 것이 틀림없다.

성철스님이 범어사와 금강산에서 수도 정진 중일 때, 그 노모가 어린 손주딸을 등에 업은 생과부 며느리를 데리고 첩첩산중을 물어 물어 찾아갔으나 절 문을 잠그고 만나주지 않았다는 말을 듣고 속세에 살고 있는 나는 도저히 이해할 수가 없었다. "아무리 이 세상이 고해라고 하지만 피 맺히고 가련한 세 연인의 가슴에 못을 박고 한을 쌓아 주면서까지 도를 깨치고 성불을 한들 무엇하겠다는 것이냐? 그러면 차라리 인간으로 태어나지나 말지…"하고 말이다.

그분들은 온갖 갈등과 고민을 그대로 지닌 채 몸만을 빼어 인연을 끊은 것이 아니고 몸과 함께 번뇌망상으로부터 떠나 진정으로 불가에 귀의하여 성불 후 위 세 여인뿐만 아니라 모든 중생을 구제한다는 큰 뜻을 세운 분들이라는 것을 한참 후에 헤아리게 되었다.

언젠가 「소쩍새 마을」이라는 자선단체에 몇년 동안 매월 오천원씩 보내주며 작은 인연으로 고이 간직하여 왔었다. 그후 그 돈을 받아 모아 흥청망청 쓴 돌중이 구속되었다는 기사를 보고 용렬스럽게도 송금을 중단하였다. 그런데도 1년이 넘도록 계속 배달되어 오는 지로용지와 안내문을 보면서 인연이란 이렇게 끈끈하고 얄궂은 것인가 하고 생각하여 보았다.

아침 까치가 운다고
공연히
한종일 기뻐하지 마라
가연佳椽이면
맺을 길을 찾아야지
기다리면 어떡하나!
귀신 까마귀 운다고
매정히
침 뱉고 돌아서지 마라

악연惡緣이면
풀 길을 찾아야지
외면하면 어떡하니!

―「인연」 중에서

'모든 것은 인연에 의해서 생겨나고 인연에 의해서 사라진다(諸法從緣生 諸法從緣滅)' 하였고, 생겼다 사라질 인연마저 사라져서 완전히 사라진 그 자리가 곧 극락이라네(生滅而滅己 寂滅而爲樂)라는 연기 설법을 들어보자.

불교는 인과법에 머물지 않고 연기법(해탈)을 쓰도록 가르치고 있다. 불교와 연기법의 핵심은 일체를 창조하는 마음 자리(一切唯

心造)를 어떻게 쓸 것인가에用心 있다고 한다.

우리는 흔히들 “보고싶은 사람 못 만나 괴롭고 보기싫은 사람 만나서 괴롭다.”고 한다. 이것은 인간의 고통과 괴로움은 쓸데없는 집착과 어리석은 욕심 때문에 생기고 연기의 참뜻을 이해하지 못하는데서 기인한다 하겠다. 그 무명한 집착과 욕심을 그대로 지닌채 몸만을 빼내 마음을 비웠다고 기만하는 사람들이 있다. 바로 일부 정치가, 사기꾼, 제비족 등이 그 으뜸일 것이다. 이들과 섣불리 인연을 맺었다가 낭패보는 경우가 많다.

또한 신체적으로나 정신적으로 치유할 수 없는 부자유한 사람과의 인연은 전생의 업보인지 모르지만 이승은 분명 고통이요, 지옥이다. 이는 부처님도 어찌하지 못하고 그저 한숨과 눈물로써 보내게 되는 것이다. 그래서 사지육신 성하게 태어난 것만해도 항상 감사하게 생각해야 한다.

피천득 노교수님의 수필집 『인연』에 “우리가 제한된 생리적 수명을 가지고 오래 살고 부유하게 사는 방법은 아름다운 인연을 많이 맺으며 나날이 겪고 착한 일을 하고 살아온 자기 과거를 다시 사는데 있다.”고 하였다.

결국 사람이 이 세상에 와서 한평생 사는 동안 얽히고 설킨 인연을 어떻게 처리하는냐에 따라 성패가 좌우된다고 하겠다. 타산지석他山之石이라는 말도 아무리 하찮은 것이라도 좋은 인연으로 소중히 알고 이를 거울삼아 마음을 바로 잡고 옳게 행동하자는 것일 것이다.

얼마전 어느 스님이 쓴 불교이야기 중 『나무역행보살南無逆行菩薩』이라는 글을 읽고 많은 감명을 받았다. 악연에 해당하는 욕심, 파계, 성냄, 게으름, 산란, 어리석음의 육바리밀에 어긋난 일을 서슴없이 하여 분한 마음을 내게하는 사람을 역행보살이라고 한다. 이러한 역행보살이 한때는 시련이지만 우리에게 정진의 힘을 내게 하고 보다 큰 뜻을 세우게 하고, 바른 깨달음을 이루게 한다는 것이다.

이렇게 보면 인간이 살아가면서 인연을 맺기도 어렵고 인연을 끊어버리기는 더더욱 어렵다 하겠다. 그런데도 이해타산만 따지는 물질만능주의가 판치는 현세는 인연을 귀하고 중하게 여기는 자비심은 간데 없고, 이를 아예 무시하거나 부정하며 자기 임의대로 생각하고 순간을 살기 때문에 인간의 비극과 사회혼란이 가중되어 가는 것이 아닌가 한다.

지혜가 없는
실천과 수행은 무의미한 것

우리들의 모든 생활은 사실 과학의 혜택을 기초로 해서 이루어지기 때문에, 과학이야말로 여러 분야에서 제일 중요하다는 것입니다. 과학은 지식이라는 뜻이지요. 그런데 우리는 과학을 모르고 생활을 영위해 나가고 있다는 겁니다. 저는 저의 후배 스님들에게 항상 강조하는 말이 있는데 그것은 천체물리학이나 분자생물학에 대한 이해 없이는 중노릇을 제대로 할 수 없다는 이야기입니다. 사실 초보자들이나 일반 대중들에게는, 모른다는 이 '무지無知'는 매우 위험한 것이지요.

우리는 알아야 합니다. 왜냐하면, 어떤 경우에서도 무지가 우리 인간에게 도움을 주는 법은 없기 때문입니다. 그리고 이른바 과학의 전문가들, 과학을 잘 아는 사람들에게는 무지가 문제는 아니지만 그러나 이들에게는 지식의 오용, 악용이 문제가 됩니다. 과학을 자신들의 탐욕과 분노와 어리석음을 위해 사용할 때에는, 오히려 그들의 그 안다는 '지식'이 매우 위험한 것이 됩니다.

무지가 우리 인간에게 도움을 준 적은 없지만, 그렇다고 지식이 우리에게 언제나 선과 행복이 나아가 진화를 가져다 주는 것은 아닙니다. 우리는 이 아는 것으로부터도 벗어나서 해탈해야 합니다. 왜냐하면, 해탈의 상태에서만이 진정한 인간의 삶을 시작할 수 있기 때문이지요.

자, 이제 불교 이야기를 좀 해보겠습니다. 불교는 부처님의 가르침인데, 여기서 부처님은 누구냐? 여러분은 부처님에 대해서 잘 아시고 있습니까? 그리고 그 부처님의 가르침에 대해서는? 오늘날 불교뿐만은 아니지만, 종교는 이제 세속에 물이 많이 들어 있는 것 같습니다. 하나의 사업체 같기도 하고, 하나의 무슨 '당' 같기도 하고, 또 같은 회원들끼리 모여서 소속감을 갖고 즐기는 무슨 친목단체 같기도 하고, 또는 자기 스트레스나 히스테리를 풀어버리는 '영적인 변소' 같기도 합니다.

종교가 이래서는 안되지요.

왜냐하면 종교는 종교라는 말 뜻처럼 존재, 인생, 생명의 최고 가르침입니다. 즉 가장 진화되 의식의 상태에서 존재와 개인과 사회와 국가,지구,우주를 비추어 보는 그런거라는 겁니다. 인생을 근원적으로 본다는 의미에서 종교지요.

그런데 종교가 세속화되어서 보통 사람들의 무지와 탐욕과 어리석음을 이용해서 돈을 벌고, 잘 먹고, 잘 살면 되겠어요? 물론 그렇다고 종교 성직자는 반드시 거지처럼 살아야 한다는 주장은 아니지만, 세상에 종교인들만큼 이기성이 강한 유전자를 갖고 있는 부류도 매우 드문 것 같습니다.

제가 지금 종교 비판을 왜 하느냐 하면, 이제 정말 종교가 뭔지나 혼자만이라도 아니 결코 나 혼자가 아닙니다. 왜냐하면, 미생물학적으로 말하면 나는 60조 미생물의 조합물이기 때문에 나속에 전부가 실천해 보자는 겁니다.

자! 여러분 종교가 뭡니까?

부처님, 예수님 살아계실 무렵 불교나 기독교라는 명칭이 어디 있었고, 조계종이나 천태종이라는 종단이 어디 있었고, 조석예불과 불공, 염불기도와 또 뭔지도 모르고 하는 삼천배, 그런 게 어디 있었습니까? 죽어라 외치는 주지나 부전스님들의 목탁 기도소리와 백팔번뇌의 인생에 끌려가면서 발버둥치며, 머리카락이 흐트러지고 옷이 찢어지고 해도 부끄러운 줄도 모르고 관세음보살이나 부르짖으며 내 소원 들어달라, 나를 보살펴 달라, 나에게 은총을 베풀어 달라, 하는 어리석고 불쌍하고 민망스러운 신도들의 신앙심 같은거, 그런거 부처님 살아 계실 때 어디 있었습니까?

이제 우리 불교인들과 신도분들은 그만 정신차리고, 다함께 이 인생을 한번 진지하게 돌아보았으면 합니다. 그렇다고 세상 고민은 저 혼자 자 짊어지고 있는 것처럼 심각한 철학자가 되라는 말은 아닙니다. 저는 다만, 여태까지 살아온 인생을 찬찬히 한번 돌아보며 살자는 겁니다. 자기 인생에 대하여 다시 생각도 해보고, 결심도 해보고, 실천도 해보며 살아가자는 것이지요.

이제 다시 또 제 말의 요점을 정리해 보겠습니다. 이 사회에서는 여러 분야가 있지만, 실제적인 기초로서 중요한 것은 과학인 것과 같이, 인간의 인생에서 제일 중요한 것은, 마음이나 의식意識의 현상 그런거 아닌가 싶습니다.

왜냐하면, 인생 치고 행동을 하지 않는 것이 없는데 우리는 뭔가 끊임없이 어떤 행위를 하고 있지요. 인간의 지식, 문명, 문화, 이 모든 것은 우리 인간 행동의 산물일 뿐입니다. 그런데 이 행동, 행위가 사실은 마음이나 의식의 산물이거든요. 그래서 저는 지금 인생에서 제일 중요한 것은 마음이나 의식이라고 봅니다. 무지한 것과, 또는 아는 것을 오용誤用하는 것, 이 모든 것은 모두 마음이나 의식의 작용입니다. 하여튼 중요한 것은 마음이나 의식이라고 저는 '마음' 으로 느끼고 '의식' 합니다.

그러면 이제 마음이나 의식이란 뭡니까? 우리 인생으로 하여금 행복이나 불행에 빠뜨려서 우리를 기쁘게도 하고 괴롭게도 하는 이 마음이나 의식이란 정말 무엇입니까?

좋을 때는 태평양 바다처럼 넓고 광대해지지만, 어긋날 때에는 바늘로도 찌를 데가 없을 만치 좁고 찌그러져 버리는, 이 마음이란 도대체 무엇입니까? 꽃 한송이에서도 하나의 음율에서도, 아름다움과 떨리는 가슴을 느낄 줄 아는 이 마음이란 정녕 무엇입니까? 그러나 또 '적과의 동침' 이라는 영화 속의 남자 주인공처럼, '까미유 끌로델' 이라는 영화의 여자 주인공처럼, 우리는 왜 무상한 하나의 인간에게 그토록 강한 애욕과 집착과 소유욕을 발산시켜서 결국에는 생의 파국으로 치닫는 불행을 낳아버린, 이 마음이란 정말 뭡니까? 인간은 알다가도 모를 마음을 가지고 있는 존재인 것 같습니다.

이상적인 영원한 인간의 참된 견본인 '부처님' 을 설명할 때에도 그건 '마음' 이야 하고, 또 가장 최하의 혐오감을 불러 일으키는 아주 못된 인간의 견본인 '강도 · 강간범' 을 설명할 때에도, 그게 '마음' 이야 하는 이 마음은 도대체 무엇입니까?

불교공부는 마음을 닦는 공부이지요, 그래서 우리 불가에서는 문자공부보다는 실제로, 실천적으로 자기 마음을 닦는 수행공부를 우선 제일로 치고 있습니다. 그러나 도대체 무지한 자가 실천하고 수행해서 얻을 수 있는 결과가 뭡니까? 오직 무지일 뿐입니다.

그러나 참된 지식(즈나나)이나, 지혜(반야)가 없는 실천과 수행은 무의미한 겁니다. 중요한 것은 작용이 아니라 실체인 것처럼, 반야바라밀(완전한 지혜 또는 정견, 올바른 인식)이지 보시 · 지계 · 인욕 · 정진 · 참선 같은 행위작용이 아닙니다. 행동과 실천은 일차적인 것이 아니라 이차적인 것입니다.

전통적으로 우리 불가에서는 참선 제일주의 풍토가 성립되어 있지만, 뭐가 뭔지 아무것도 모르는 무식한 놈이 참선을 하는 것은 마치 들판에 갖다 놓은 큰 돌멩이와 같은 것입니다.

무당이 참선해서 깨달았다고 해보았자, 지가 알고, 믿고, 들려있는 신을 깨달았을 뿐이지 지가 뭐를 안다는 겁니까?

또 어린애가 참선해서 깨달았다, 해보았자, 입니다. 조그만한게 지가 뭐를 인생을 얼마 만큼 겪었다고 참선이니, 깨달음이니 하는 겁니까? 눈동자에 기氣만 키워가지고 어깨 힘주고 무게 있게 걷는 걸음걸이, 그것 말고 어린애가 선방에서 무엇을 터득했다는 겁니까?

겸손하지 못하고, 잘난 체 하고 뭐가, 뭔지도 아무것도 모르는 게(제대로 알지 못한다는 것과 아무것도 모른다는 것은 똑같은 말입니다) 참선 제일주의 운운하는 자들을 보면 발로 엉덩이를 한번 차버리고 싶을 정도입니다. 스스로 무식함을 인정하면서 도인 대접 받는 기분에 신도와 저 죽이는 줄을 모르고! 병신 쪼다 같은 짓을 하는 것입니다.

우리나라 불교는 대승불교입니다. 그리고 대승불교는 불교의 역사에서는 후기 불교에 속하는 겁니다. 이 대승불교의 성립은 대략 기원 전후에 인도에서 발생되어, 중국, 한국, 일본으로 꽃피워온 겁니다.

그런데 이 대승불교에서 제일 기초가 되고 근간이 되는 것은 역시 반야부의 경전들입니다. 이 반야부 경전들의 가르침이 시작이 곧 대승불교의 시작이었기 때문입니다. 이 반야부 경전들 중에서 제일 먼저 제작되어진 것은 역시 팔천송 반야경입니다. 그리고 금강반야경도 반야부의 초기경전임이 분명합니다.

그러나 최초의 금강반야경 한문 번역본은 AD402년에 제작되어진 구마라집의 한문 번역본입니다. 우리가 지금 여기서 수지독송하며 공부하고자 하는 금강 반야경이 바로 이 구마라집의 한역본입니다. 금강반야경에서는 어떠한 보살신들도 등장하고 있지 않습니다. 관음보살도 없고, 지장보살도 없고, 약사여래도 없습니다. 오직 부처님과 수보리 두분의 대화가 있을 뿐이지요.

그러나 금강반야경의 가르침에는, 우리네 인생을 근원적으로 깨닫게 해주는 지혜가 있고, 어리석은 중생의 발심을 복돋아주는 방편도 있습니다. 그러므로 부디, 이 금강반야경의 가르침을 통해서 수준 높은 마음이나 의식을 성취하여 반야바라밀에 통달하기를 바랍니다. 그래서 각자 자신들의 정해진 팔자부터 고치기 바랍니다.

다시말하면, 습관으로 굳어져서 고정되어 있는 자기자신의 업장을 소멸하고 바꾸어서 정말 진정한 인간으로서 이 먼지 같은 지구에서, 더 작은 먼지같은 한국땅에서 더 작은 먼지같은 미생물인 우리는 그래도 한 세상 의미있게 살다가 돌아가게 되기를 바랍니다. 우리는 태양의 입자들로서 우주의 여행자들입니다.

이 공부 모임에서 저는 금강반야경을 해석하고, 가르치는 자입니다. 그리고 여러분은 저의 해석이나 설명을 통해서 금강반야경의 가르침을 심오하고, 상세하게 이해하며 배워보고자 하는 분들입니다. 그러므로, 부디 부처님의 위신력과 가피력으로 가르치는 자에게는 빛나는 지혜가, 배우는 자에게는 심오한 이해가 주어지기를 기원합니다.

6
연꽃과 사자성어

연꽃 감상

영산회상 당시 어느날 부처님께서 법좌에 올라 꽃 한 송이를 들어 대중에게 보이시니 아무도 부처님의 뜻을 알지 못했으나, 오로지 마하가섭만이 부처님의 참뜻을 헤아리고 살며시 웃었다. 이 이야기는 '염화시중拈花示衆의 미소'라는 일화로 우리에게 잘 알려져 있거니와 그 때 부처님께서 들어 보이신 꽃이 연꽃이라고 전해진다.

부처님께서는 청정하거나 지혜로운 사람을 곧잘 연꽃에 비유하시기도 하였는데 그것은 연꽃이 가지고 있는 고유한 덕성을 높이 샀기 때문이라 생각한다.

잘 알려져 있듯 연꽃은 못池에서 피어난다. 물이 더럽거나 지저분하여도 그 속에서 맑고 고운 꽃을 피워내는 그 모습이 마치 무명속에 둘러싸여 있는 우리들이 불성을 깨달아 찬란한 보리화를 피우는 것과 같다.

처염상정處染常淨이라는 말은 바로 연꽃의 성격을 잘 나타내고 있다. 더러운 곳에 처해 있으면서도 항상 맑은 본성을 간직하고 있다는 말이다.

또 한편으로 연꽃은 불교의 이상적 인간상인 보살을 상징하기도 한다.

부처님이나 보살의 청정한 미소가 연꽃 한송이를 통해 구체적으로 비유되는 것은 불교가 추구하는 것이 현실을 벗어난 유토피아가 아니라 갖가지 불의와 부정이 난무하는 사바세계 속에서 청정여래원을 이루고 그 가르침을 실천해야 한다는 의미가 포함되어 있는 것이다.

이러한 견지에서 수 많은 불교 예술품들이 연꽃으로 형상화 되고 있다. 특히 불 보살이 앉아 있는 좌대를 자세히 살펴보면 그것이 연꽃임을 바로 알 수 있다. 또한『관무량수경』에서는 불 · 보살살이 연화대에 앉아있는 모습을 상세하게 묘사하고 있으며, 대승경전의 대표적 경전인『묘법연화경』의 연화나『화엄경』의 화엄은 결국 연꽃을 뜻하는 말이다.

그러나 우리는 정작 소중한 사실을 간과하고 있으니 그것은 '연꽃이 더럽고 지저분한 곳에 인연하여 고운 꽃을 피운다.' 는 일반적 개념을 넘어서 '더럽고 지저분한 곳이 아니면 연꽃이란, 존재할 수도 없을 뿐더러 그처럼 맑고 고운 꽃을 피울 수도 없다는 논리를 발견할 수 있다.' 는 사실이다.

그것은 중생이 번뇌의 사바세계를 떠나서 보리를 구할 수 없는 것과 같다. 번뇌 속에서 번뇌를 딛고서야만 보리화를 찬란히 피워낼 수가 있는 것이다.

고려조 한림원을 지낸 곽예郭預선생은 이 이치를 확연히 깨달은 분으로 후인의 귀감이 되고 있다.

곽예선생은 고려의 문신으로 초명은 왕부王府, 자는 선갑先甲,본관은 청주인淸州人이다.

1255년(고종 42) 문과에 급제하여 전주사록全州史錄이 되었으며 1263년(원종 4)에는 첨사부록사詹事府錄事로 홍저洪佇와 함께 일본에 사신으로 갔다온 후 예빈주부겸직한림원禮賓主簿兼直翰林院을 지냈다.

곽예선생은 비가 올 때면 매양 맨발로 우산을 들고 용화지龍化池에서 연꽂 을 감상 하였다 한다. 그것은 연꽃의 거진출진居塵出塵하는 덕성을 깊이 깨우쳐 그 덕성을 본받고자 한 것이다.

1282년에 곽예선생은 좌승지左承旨, 국자감대사성國子監大司成, 문한학사文翰學士를 역임하였는데 마음은 항상 연꽃처럼 맑고 고요하였으며 처신에 있어 사리욕私利慾에는 뜻이 없고 언제나 정의로운 가운데 맑고 조촐한 성품을 나투었다 한다. 또한 사람을 대함에 언제나 상대방을 즐겁고 편안하게 하려고 노력하였으며, 글을 잘 짓고 잘 써서 독특한 일가一家의 체體를 이루어 많은 사람들이 그의 사람됨을 칭송하고 우러렀다 한다.

이는 곽예선생이 비가 올때면 언제나 용화지에 나가 연꽃을 감상하면서 더럽고 지저분한 진흙이기 때문에, 그렇게 맑고 고운 꽃을 피워내는 연꽃의 덕성을 간파하고 오탁악세에서 온갖 번뇌를 딛고 번뇌 속에서 번뇌와 융화하며 일어서는 줄기찬 수행의 정진으로 보살도를 닦았지 않았나 하는 생각을 하게 된다.

우리 불자들은 곽예선생의 이 거룩한 행적을 거울삼아 불의와 부정이 편만한 현대사회에서 반드시 부처님법을 힘써 닦아 기어이 거진출진의 연화를 꽃피워야 되겠다.

연꽃과 사자성어

청개화성聽開花聲

티 없는 맑은 소리 청아한 숨결 하나
부가각 한 생명의 진명을 받쳐 이고
정념의 티끌 속에서 한 세상을 열고 있다.

*해마다 7월이면 연꽃이 피는 계절이다. 생각같아서는 그저 첨벙 물에 뛰어 들어 연꽃이 피는 과정을 들여다보고 싶다. 여기서 청개화성은 연꽃이 벌어지는 소리를 옛날 시인 묵객들은 시각적 청각적으로 모든 감각기관을 동원하여 들었다는 표현이다. 이는 인간의 선의 마음을 잘 새겨 참 밝은 마음으로 인간의 본체인 진명을 밝혀 나아갈 길을 바라는 뜻에서 은유한 것이다.

생이유상生已有想

청아한 맑은 자태 무량한 청정세계
마음도 이와 같이 연처럼 결 고우면
세상은 정토를 열어 환희장이 열린다.

*연꽃은 이미 태어날 때부터 다른 꽃과는 남다르다. 넓은 잎에 긴대궁, 굳이 피어야 연꽃인지를 확인하는 것이 아니다. 이미 싹부터 다르고 줄기부터 올라온다는 데서 다른 꽃과는 구별이 되고 그 기품이 있다는 뜻이다.

유연불삽柔軟不澁

한 삶이 깨끗하여 청정한 둘레이다
온화한 본성 심어 피어나는 실다음은
정숙한 부드럼움을 너로하여 배운다.

*연꽃의 줄기는 부드러우면서도 유연하기 때문에 이는 꽃대궁처럼 바람이나 충격에도 쉽게 부러지지 않는다. 이와 같이 사람도 부드럽고 온화한 성품을 가진자가 강직한 성품을 다스린다는 뜻으로 생활이 유연하고 융통성 있으면서도 지혜와 슬기로서 자기를 지키고 사는 사람을 비유한 것이다.

이제염오離諸染汚

세상은 마음 따라 지어낸 빈 그림자
한 마음 파도 일면 일고 지는 희로애락
실다운 마음의 등불 아름다운 꽃이다.

*연꽃은 진흙탕 물에서 자라지만 흙탕에 물들지 않음이다.
이는 주변이 더럽거나 열악한 한경 따위에 물들지 않고 고고하게 자라서 아름다운 꽃을 피워내는 것이다. 오늘날 우리가 사는 사회는 탐 진 치로 인한 오욕으로 물든 그야말로 오탁악세다. 바르고 선한 삶 가운데 참 아름다움을 꽃피워야 할 시대다.

불여악구不與惡俱

깨끗한 마음둘레 삼독을 멀리하고

혼탁한 속세 일에 때 묻지 않는 것은

안목의 지혜로 앉아 중심 지킨 덕이다.

*연잎 위에는 한방울의 오물도 머무르지 않는다. 물이 연잎에 닿는 순간 그대로 또르르 굴러 떨어질 뿐이다. 연꽃은 다른 식물과는 달리 이렇게 연성분軟成分 섬유질을 함유하고 있어 물방울이 금방 지나가도 그 자리에 어떠한 흔적이 남지 않는다. 이와 같이 악과 거리가 먼사람, 선을 좋아하는 사람, 늘 착함을 지니는 사람은 악의 환경에서도 결코 물들지 않음이다.

본체청정本體淸淨

오염에 물들지 않아 반석을 닮은 사람

세상의 비방 속에 흔들림 없이 살아

깨끗한 본연의 마음 청정한 삶 둘레다.

*연꽃의 연성분軟成分은 연 전체에 함유하고 있어, 연꽃은 어떤 곳에 있어도 본래의 푸른 잎과 유연한 줄기가 우아하고 맑은 꽃을 잃지 않는다.
그래서 진흙바닥에 오물이 넘쳐나도 그 오물에 뿌리를 내려 청정함을 잃지 않는다.
수도자의 본래마음을 찾는 연유 또한 여기에 있어 연꽃은 불교를 상징하는 꽃이기도 하다.

계향충만戒香充滿

진흙탕 속에서도 맑은 향이 감돌듯이
이것과 저것으로 혼탁한 오늘 세상
밝은 달 마음에 품고 불성으로 돌아가리.

*연꽃이 피기 전에는 오물로 가득차 시궁창 썩는 냄새가 나는데, 연꽃이 피면서부터 각종 냄새도 사라지고 연꽃 향기가 연못에 가득하다.
마치 한 사람의 인간애가 사회를 훈훈하게 만드는 것과도 같이 사찰에서 아침 예불시 오 분향례 때 계향과도 같은 이미지다. 즉, 사회라는 대중적 차원에서는 지켜야할 도덕적 법규와 같다. 이렇듯이 고결한 인품은 그윽한 향을 품어서 향기로운 세상을 만들지만 연꽃은 진흙탕 속을 향기로 채운다.

성숙청정成熟淸淨

참 마음 갈고 닦아 평안의 경지 들면
군자의 맑은 마음 현묘함이 묻어나니
활짝 핀 연꽃을 두어 깊이 사색 함이다.

*연꽃은 만개 하였을 때 색깔이 곱고 그 향기가 진하다. 활짝 핀 연꽃을 보면 마음과 몸이 맑아지고 포근해짐을 느낀다. 사람도 연꽃처럼 활짝 핀 성숙함을 느낄 수 있는 인품의 소유자가 있다.
이런 분들을 대하면 은연 중에 눈이 열리고 마음에 문도 열려 사람의 본심을 느낀다.

면상희이面相喜怡

한 생각 사색다가 법구경을 생각하다
"따뜻한 말 한마디 참다운 공양구요"
성냄이 없는 얼굴이 미묘한 향이로다.

*연꽃은 둥근 타원형의 계란과 비슷한 것이 주종을 이룬다.
연잎 또한 둥글고 원만하여 모가남이 없어 보는 이로 하여금 평안한 마음을 심어주고 마음이 절로 온화하여서 성냄이 없어진다. 누가 감희하는 얼굴에 침을 뱉으랴! 실상 우리 생활 주변에도 그런 사람을 보고 있으면 어머님처럼 마음이 푸근해지고 정감의 말이라도 건네고 싶어진다.
부드럽고 따뜻한 위로의 말을 건넬 줄 아는 사람이 될 수 있으면 이 사회는 한층 더 맑고 밝아 지리라.

개부구족開敷具足

솔바람 맑은 경계 샘솟는 밝은 일상
심파에 떨어진 달 마음에 걸어 두고
고요의 찻잔 속에서 세상일을 담는다.

*연꽃은 초여름에 우아하게 고운 자태를 자랑하다가 초 가을에 꽃잎이 시들며 열매를 맺는다. 연의 열매는 한약재로 연뿌리는 식용으로 쓰인다. 이로움을 준다는 뜻에서 구족이란 말을 쓴다. 사람도 난 사람, 든 사람, 된 사람이 있듯이 사회가 필요로 하는 사람이 되라는 뜻에서 이글을 펼쳐본다.

견자개길見者皆吉

부가각 한 잎 두 잎 마지막 잎새들고
찬연히 피는 자태 천상천하 분명하다
오롯이 하늘을 열어 티끌 세상 열고 있네.

*연꽃은 꿈에서 보면 길상 좋은 일이 생긴다. 아침 출근 길에 꽃상여를 보면 그날 좋은 일이 생긴다는 속설이 있다. 반대로 아침 출근길에 아녀자가 바가지를 긁으면 온종일 기분이 나쁘다.

명심보감에 이르길 종과種瓜 득과得瓜요 종두種豆 득두得豆다. 오이를 심으면 오이가 나고 콩을 심으면 콩이 난다는 말이 새삼스럽다.

연꽃과 같이 우아하고 때묻지 않아 맑고 밝은 일상을 살아온 사람과 시기하고 질투하고 온갖 투정으로 살아 온 사람과는 너무나 대조적이다. 전자는 길상의 꿈을 꾸지만 후자는 흉상의 꿈을 꿀 것이다.

세상사는 이치는 이것이 있으므로 저것의 현상이 있게 마련이다.

가령 예를 들면 나쁜 장면을 다투는 영화를 즐기는 아이와 공포에 시달리는 영화를 좋아하는 아이는 습성에 이반하여 잠자리에서 꿈을 꾸면 가위에 눌리는 꿈을 꾸는 것과 같다.

맹모삼천지교孟母三遷之敎란 말이 있듯이 맹자의 어머니가 맹자의 바른 교육을 위해 세 번이나 이사를 했다는 고사처럼 연꽃과 같은 심성을 가진 자라면 불교의 상징인 연꽃을 사랑하는 올바른 마음가짐이 생긴다는 점이다.

근종윤회根種輪廻

고운 꽃 연잎 두고 긴 대궁 가을 타면

다시금 피워 올릴 연심을 갈무리며

자연의 순리에 따라 겨울잠에 이른다.

*연잎과 연꽃이 지고 나면 쓸쓸한 가을 햇볕에 잠자리만 날아들어 화려했던 지난날과는 달리 쌀쌀한 가을 바람에 대궁마저 마르면서 지수화풍으로 돌아간다.
사람의 목숨도 이와 같다. 살았을 적에 온갖 희로애락에 물들며 사르다가 임종 시에는 많은 반성을 하게 된다. 다음 생을 위해서일까 아니면 극락천당이라도 아니면 지옥이라도 갈까 하는 염려심에 많은 생각을 할 것이다.
이미 늦은 후회가 아니겠는가. 윤회가 있고 반듯이 다음 생이 있고 사후 세계가 있다면 여실지견이라 사람답게 살지는 않았을까 하는 마음을 연꽃에 비유하면서 피력하여 본다.

참 나를 찾아서

먼 옛날 서쪽에서 이어온 이 한 노래
그 소리 하도 맑아 하늘에 솟구쳐서
산마다 울리는 풍경 골골마다 가람이다

길을 물어볼까

나의 삶 나를 찾아 고행의 바다에서
인간의 내면적인 참 모습의 길을 밝혀
실다움 세상을 향해 환희심을 열었다

관세음보살

온화한 달님 성품 보섭의 길이라며
자기를 바라 보는 성찰을 인도하여
참 삶의 수레를 굴려 가는 길을 일렀다

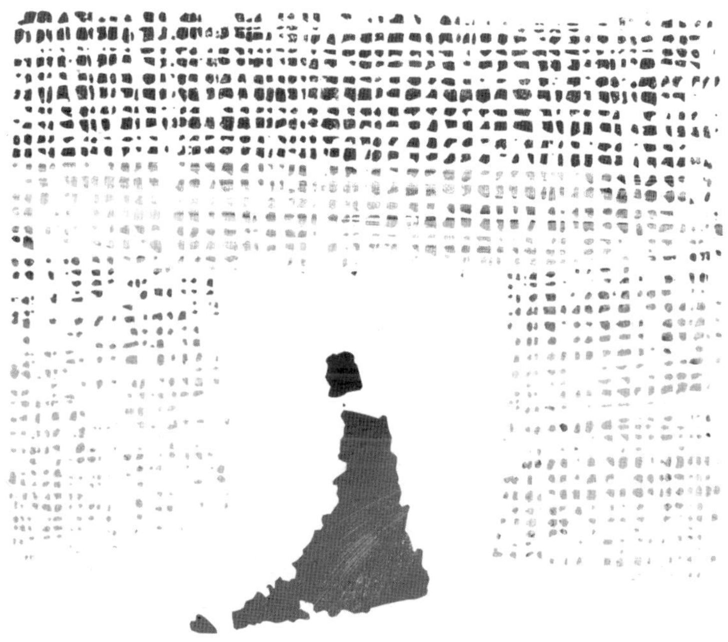

말없이

한 생각 이는 잣대 바른 생각 견해이다
말없이 흘러가는 흰구름 자유처럼
걸림이 없는 한 세상 무애심을 노래했다

연등 축제

모양도 없는 것에 보리심을 다독이며
내안의 정법안장 곳집을 갈무리며
고요 속 그 온화함의 자비심을 심었다

탑돌이

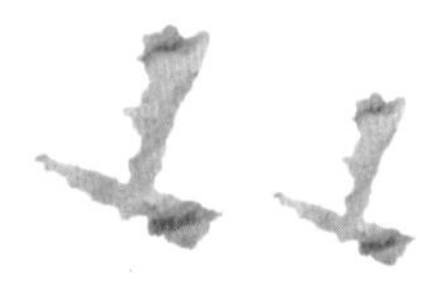

예경의 대상은 마음에 있는 거고
어떠한 행위는 결과가 따르는 법
그 희비 열고 닫음이 만 갈래나 되는 법

포행

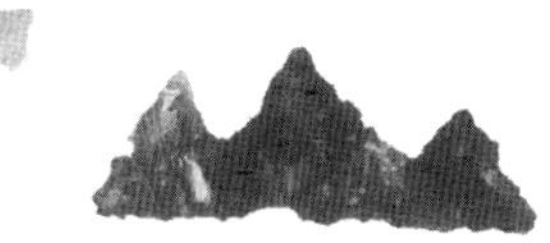

존재하는 모든 것은 바람처럼 무상하다
시시로 다가오는 이 세월을 어찌하랴
나고는 죽는 저 바다 고해중생이 아닌가?

마음을 비우시게

나라고 생각하는 아집에서 못 벗어나
평생을 그릇 친 사람 바라밀에 의지하여
이제야 참 나를 찾아 자유로이 가리다

바람처럼

탐 진 치 감옥에서 보살도로 살아가리
성불은 오직 이길 뿐 불 밝혀 가리다
진리의 몸을 나투어 지혜광명을 얻으리

길을 떠나리

세상은 마음 따라 지어진 빈 그림자
한 마음 일고지는 파도같은 중생 마음
지혜는 고마운 등대 닦는 마음 밝은 마음

무임승차

어디서 무엇을 가지고 왔었길래
무엇을 가지고 어디로 갈 것인가
무아란 한 마음 생각 의구심만 깊어간다

성불

청풍이 머문 곳에 마음달이 비추도다
무심천 날아가는 푸른 학 자유롭네
마음이 부처이시라 한 수레 걸림이 없도다

판화 : 통칙 스님

1989. 목판화 개인전 (서울경인미술관)
1990. 불교 목판화 초대전 (대구동아쇼핑)
1991. 대구 갤러리 투
1995. 불교 목판화전 '선으로 가는 길' (광주갤러리탑전)
1997. 서울불교방송 창사 7주년 기념 초대전 (남서울미술관)
1997. 불교판화작가 초대전
2000. 한마음전 (서울덕원갤러리)
2004. 불교목판화 초대전 (서울봉은사)
2008. 통칙스님 목판화전 '차나 한 잔 하시게' (양평맑은물사랑전시관)
2009. 통칙스님 목판화전 '행복으로 가는 길' (광주무등산갤러리)
2010. 통칙스님 목판화전 (광주무각사 로터스갤러리)
2011. 통칙스님 목판화전 (서울운현궁)

현)양평에서 안거 중

참 나를 찾아서

인쇄일 · 2015년 5월 20일
발행일 · 2015년 5월 25일

지은이 · 청학 스님
펴낸이 · 박철수
펴낸곳 · 도서출판 해암

등록번호 · 제325-2001-000007호
부산광역시 중구 백산길17 삼성빌딩 702호
TEL. 051)254-2260, 2261
FAX. 051)246-1895
E-mail. haeambook@hanmail.net

ISBN : 978-89-6649-071-4 03810

값 20,000원